D1701239

La rouge différence

Françoise Edmonde Morin

La rouge différence

ou

les rythmes de la femme

Éditions du Seuil

ISBN 2-02-008907-6
(ISBN 1re publication 2-02-00-6258-5)

© ÉDITIONS DU SEUIL, SEPTEMBRE 1982

Sommaire

Rythmes

Mon premier a nom règles, il est rouge et violent et tenu au secret. Mon second s'appelle fécondité, il gît au fond d'un abîme et doit être tu. Mon troisième s'appelle maternité, il est incarné par l'enfant et dans l'ombre est la mère. Mon tout transforme les êtres humains en choses, c'est l'instinct de mort de notre société.

C'est à partir de trois questions non résolues et toujours reposées que s'est dessinée l'idée de ce livre. Les règles représentent dans la vie d'une femme ce que, à la fois, elle doit absolument avoir et ce qu'elle doit impérativement cacher. Antinomie qui produit la souffrance du corps et celle de l'esprit, et la tentation de l'assimilation au corps masculin. La fécondité est logée à la même enseigne. Mise entre parenthèses, elle est totalement niée par la contraception sans faille de la pilule et du stérilet. On ne veut plus voir en elle la force de vie latente en tout être adulte, mais seulement la possibilité d'un enfant que l'on programme en Oui ou en Non derrière le rempart d'une sexualité hypertrophiée. La maternité est devenue elle aussi séparation. Instituée en maladie, elle est aux mains des médecins. Instituée en pouvoir, elle est abandonnée aux hommes.

La confiscation des règles, celle de la fécondité, celle de la maternité sont en train de se faire, avec pour principales artisanes les femmes elles-mêmes, qui confondent égalité et assimilation. Élever une protestation contre ces confiscations, c'est se heurter aux objections suivantes : le retour à l'état de nature, le refus du progrès. Mais il me semble que l'occultation générale des rythmes féminins ne va nullement dans le sens d'un quelconque progrès : il se trouve que l'espèce humaine est bissexuée et qu'on est arrivé plus facilement à occulter les rythmes chez l'homme que chez la femme où ils se manifestaient avec plus d'évidence et de force. Les femmes sont un grain de sable dans l'organisation d'une production parce qu'elles produisent à la fois de l'avoir et de l'être. Le travail salarié ne veut tenir aucun compte des cycles naturels et privilégie le rendement, la normalisation des êtres et des produits. La femme est, dans ce contexte, l'irruption de la force de vie dans un milieu clos sur la loi de l'efficacité maximale. Elle perturbe la production parce qu'il faut inclure avec elle sa capacité à créer de l'être, ce qui suscite l'apparition de mécanismes de défense dans l'entreprise où elle travaille. La société industrielle souhaite voir le renouvellement des effectifs, mais n'entend pas le prendre en charge à travers le respect du rythme des femmes salariées. Sous cet aspect, la tendance à faire disparaître les règles, à occulter totalement la fécondité, à donner à la maternité la portion congrue dans le salariat ou à l'hypertrophier hors le salariat, apparaît comme la perpétuation de la manipulation du corps des femmes sous couleur de libération. Il faut en réaction donner toute leur place aux rythmes du corps féminin et reconnaître qu'il porte des fonctions biologiques qui lui sont propres. Non pour faire de la différence entre les sexes un prétexte à l'enfermement des femmes. Non pour l'exaltation de la reproduction. Non pour glorifier une nature qui n'est nullement bienveillante. Mais parce que le corps des femmes se souvient encore que l'humanité existe et en témoigne, malgré elle parfois. Ce qui ne revient pas à dire que les femmes, comme les hommes, ne médiatiseraient pas leur rapport à la nature par des écrans socioculturels, mais qu'elles savent, parce que leur corps le leur rappelle crûment, que le travail est une aliénation qui contraint l'être, même si elles doivent le nier pour survivre. Si une liberté est possible, elle passe par l'acceptation totale des besoins humains et par la transformation parallèle des relations entre hommes et femmes. Si la femme accepte de s'absenter de son propre corps, et si parallèlement notre société continue à exsuder étourdiment de l'avoir, nous n'aurons bientôt plus d'humanité en nous, et enfanter paraîtra la chose la plus obscène du monde. Nous aurons la preuve par l'absurde que notre mode d'existence sécrète de la mort et de l'aberration.

Que reste-t-il du rythme proprement humain dans notre société ? Où règne le silence où il pourrait se reconnaître ? L'envahissement de l'univers mental est maintenant à peu près consommé. Sommeil, éveil, pulsions du cœur, temps faibles et temps forts du cycle propre à chacun, chaque moment est enfoui dans une gangue de bruit. Réveille-matin, radio, musique, télévision, circulation, occupations salariées ou contraintes, machines : une rumeur rampe qui empêche la tête d'entendre le corps fonctionner. Plus de corps, plus de méditation. La méditation n'étant tout compte fait qu'un effort individuel visant à espacer les trains d'idées pour permettre l'émergence du corps dans un présent réellement vécu comme tel. Sevré de réflexion et de vibrations harmoniques vraiment personnelles, chacun meuble son esprit du bruit commis par autrui. Il faut avoir vu tel film, entendu tel disque, lu tel livre : l'adulte est astreint à des travaux forcés culturels qui loin de le nourrir l'assèchent littéralement. L'information s'accumule dans un goulot d'étranglement individuel. L'esprit, gavé mais non repu, erre d'un concept à l'autre sans élaborer de cheminement personnel. Une mode chasse l'autre. Personne ne s'empare de la pensée d'autrui pour l'emmener plus loin, mais, à l'inverse, chaque critique s'emploie à l'émonder. L'ère des exécutions sommaires a sonné, épuisant les idées.

Dans l'éclatement sans fin de la personne, que nous subissons chaque jour, la musique occupe une place à part parce qu'elle détient le monopole du rythme intérieur/extérieur. La première musique est née des moments du corps. Chacun les entendait, chacun était donc musicien. Il suffisait d'harmoniser les rythmes battant en soi et ceux que l'on pouvait capter autour de soi, du proche au cosmique. La répartition des tâches dans les communautés, l'apparition des stratifications sociales, les échanges multipliés enfin, firent naître la spécialisation. Seuls quelques individus purent percevoir et restituer les harmonies, parce que telle était la tâche qui leur était dévolue. Mais ils ne pouvaient entendre que sur leur propre mode : chacun a sa façon d'entendre, et les auditeurs, frustrés de l'harmonie qui les aurait comblés, ne savaient déjà plus qu'elle était en eux et qu'ils écoutaient la partition de quelqu'un d'autre. Actuellement, la musique est retournée au stade d'écoute individuelle mais sa source n'est pas intérieure, elle est devenue produit de consommation de masse et marque la séparation totale de l'auditeur d'avec les autres et d'avec lui-même. La musique ne s'inscrit plus dans un espace, elle est directement branchée dans la tête de celui qui l'écoute, par casque chez soi, par « walkman » dans la rue. Elle n'occupe plus même une portion contingente du monde, plus ou moins restreinte, composition élaborée par un musicien à l'usage de virtuels mélomanes plus ou moins impliqués par l'exécution de l'œuvre. Elle est devenue bien plus que cela. Elle est l'envahissement total de l'espace intérieur des personnes, l'occultation des rythmes humains. La musique n'ouvre plus rien, elle rend celui qui l'écoute opaque à autrui, sourd au propre et au figuré. Si la musique n'est plus l'origine et l'accompagnement de l'histoire du corps et des ruptures qui traversent les vies, si elle est déversement répétitif et négation des personnes, si elle n'est que le lieu commun de masses hypnotisées, alors il faut la détruire pour que réapparaissent les vibrations qui nous fondent comme entités humaines.

Les rythmes humains sont molestés et niés. Il ne s'agit pas de savoir ce qui convient à chacun, pour pourvoir à des besoins humains, mais, à l'inverse, d'accorder l'humain, en masse et de façon indifférenciée, à des rythmes mécaniques de production qui ont leurs finalités propres, étrangères à des organismes biologiques. Le corps malmené continue sans être entendu à parler par symptômes à travers les maladies. Maladies que la médecine s'applique à soigner sectoriellement, aggravant ainsi la dislocation des êtres. Notre époque mécaniste ne tolère que l'emboîtement automatique et toujours répété, l'alternance mécanique qui toujours ramènera l'identique, avec son fantasme génétique, le clone. La normalisation pour une meilleure rentabilisation étant l'objectif de la production, l'être humain, dont la vie se situe dans une marge obligatoire mais non quantifiable parce qu'elle répond de cycles naturels, se désigne comme un ennemi à réduire : l'humain n'est jamais identique mais seulement perceptible par analogie. Au plan individuel, beaucoup de gens sont ainsi dans l'illusion qu'en niant leurs rythmes, en compressant le temps, ils vivront plus vite et plus fort. Mais si l'histoire dépasse les hommes, qu'ils s'asseyent et la regardent passer, elle devient une abstraction et n'est plus faite pour eux. Certes, c'est une souffrance que d'espérer des changements et de percevoir des mondes auxquels on n'aura pas accès, mais ce n'est pas une raison pour réifier le corps.

L'accélération de l'histoire n'a pas produit une mutation humaine correspondante. Tant pis.

Le rythme humain, tous les rythmes, sont faits d'un double mouvement : la pulsation qui soulève l'onde et celle qui l'abaisse. Dans la courbe croissante, l'individu peut penser s'arracher à la gangue qui le maintient enlisé dans le réel, et modifier ce réel. Dans la courbe décroissante se tient le moment de l'abandon, le moment vulnérable de la confiance faite à autrui sans lequel il n'est pas d'amour. Les rythmes propres à la femme fonctionnent ainsi. La pulsation de ses rythmes la projette tantôt vers l'éther, tantôt vers le sang. Et corrélativement, tantôt elle est acceptée, tantôt elle est rejetée par ceux dont elle souhaiterait qu'ils l'acceptent entièrement. Quand s'affirme sa puissance de vie, la femme, dépassée par un fardeau trop pesant parce qu'il lui est dénié, demande assistance à l'autre sexe, qui la lui refuse. Ainsi en va-t-il pendant les règles, que peu d'hommes acceptent comme elles viennent et dans ce qu'elles représentent. Ainsi en va-t-il pendant la grossesse où le vase sacré prend le pas sur la ·personne réelle. Ainsi en va-t-il au moment de la ménopause qui relègue les femmes de la cinquantaine au ban de la société quand, fortes de leurs expériences, elles se sentent capables de tout entreprendre. Si le corps social occulte si fort la puissance de vie, c'est qu'elle seule est irréductible au rythme machinal. C'est la part incompressible de l'état humain, celle dont toujours la société devra tenir compte, bien que sa finalité soit de la supprimer : car tout doit être quantifié, nommé, assigné à une place productive.

La fragilité d'un livre comme celui-ci est précisément qu'il faut aller fouiller dans l'intimité des gens pour trouver les traces de la déshumanisation qui s'annonce. Et comment, lorsqu'on écrit sur les femmes, sur le sang des femmes, n'avoir pas en tête la terrible accusation qu'Annie Le Brun lançait aux néo-féministes de rentabiliser leur ventre par l'écriture : « [...] ventre qu'elles vont s'acharner à rendre désespérément productif, ainsi qu'il a d'ailleurs été toujours commandé aux femmes de le faire. » Cette descente minutieuse, cette fouille d'entomologiste dans les intérieurs féminins pose certainement question à l'auteur. Qu'est-ce que je défriche qui ne l'avait pas été et quelle est cette nouvelle frontière du corps féminin que je vais livrer à une normalisation déjà bien avancée ? Comment aussi ne pas entrer dans le délire qui consiste à interpréter tous les phénomènes comme un complot dirigé contre les femmes. Si même l'ensemble des données esquisse une direction commune, souvent coupée par les chemins de traverse des histoires personnelles, nul machiavélisme n'y préside, seulement des conditions de vie objectives qui, comme un ressac, jettent les individus sur des rives qui n'ont rien à voir avec leurs désirs. Je me suis sentie coincée. D'un côté, je me heurtais à celles qui sont lasses d'entendre parler du corps féminin ausculté sur toutes les coutures, corps dont la dislocation permet la rentabilisation par minuscules parcelles. De l'autre, m'attendait la gêne incoercible devant les autres, celles qui· écartèlent leur corps pour que l'on puisse mieux sonder leur mystère. Le silence s'imposait peut-être, il fallait cesser ce travail qui, de toute façon, transgressait tout ce qu'on m'avait appris à dissimuler. Hébétée par ce ping-pong mental incessant, je me suis accrochée à ce truisme : « Et pourtant, elle saigne. »

Ce n'est pas là une mince différence et, si elle est destinée à disparaître, je voulais savoir pourquoi et si c'était là une promesse de mieux-être. Dernière amarre à trancher, celle de l'appartenance à l'« esprit gauche » dans ce qu'il tient chaud au cœur : mon travail a consisté à dire qu'il faut conserver, ne pas nommer progrès les régressions. De conserver à conservatrice, il n'y a pas loin et je risque fort de me retrouver étiquetée « divers droites » et d'être logée dans une case proprette où peu de lecteurs viendront me visiter. C'est un risque à prendre.

Recueillir des témoignages, les reproduire, ce n'est pas pour moi prendre des fragments de discours pour les juger et enfermer mes interlocuteurs dans des tranches de vie qu'on donnerait à voir. J'ai choisi de m'entretenir avec des gens qui me sont proches, par un aspect ou un autre. Des gens que j'aime. Bref, l'inverse d'un échantillonnage sociologique proprement trié. Je ne veux pas établir une loi. Je ne veux pas tenir un discours lové sur une cohérence lisse et fermée sur elle-même où personne ne pourrait intervenir sans briser la trame qui le constitue. J'ai voulu essayer des hypothèses non figées et ouvertes à des germinations futures pour faire apparaître le doute là où le conformisme de gauche l'écrase. J'ai voulu des repères pour accompagner une narratrice d'occasion, pour nouer des convergences, pour étayer l'errance d'un discours incertain. Chaque témoignage est plutôt la continuation d'une conversation privée, la trace de discussions tôt entamées et jamais closes. Chacun a livré le particulier et l'universel, enraciné dans une expérience unique, et, si aujourd'hui j'interprète ce que l'on me dit de telle façon, demain peut-être mon livre eût été tout autre, avec les mêmes paroles, les mêmes gens... Tel ami s'évanouit à la vue du sang et n'a pas voulu voir naître ses enfants. Telle amie ignore son corps et ne veut en voir ni les règles ni la fécondité. Ce n'est pas les juger que de tisser quelques hypothèses sur leur comportement, ce n'est pas les enfermer que de fixer ce moment de leur existence dans un écrit. Ils se sont volontairement constitués en matériau de réflexion sur la vie et j'ai essayé de savoir quels prolongements étaient issus de leur façon de vivre. De la même façon, j'ai dû, par le biais de ce livre, interroger ma propre façon de vivre.

Ces entretiens m'ont permis de faire progresser mon travail, je me suis appuyée sur eux pour continuer à dialoguer avec l'ami absent. J'ai été étonnée de partager avec eux des secrets qu'ils n'avaient jamais livrés à leur entourage et d'en assurer la divulgation anonyme. Ils n'ont pas fui les questions. Ils y ont répondu avec un souci d'exactitude troublant. Chacun d'entre nous examine ainsi les moindres replis de sa conscience pour livrer un aveu qui sera redit en un lieu spécifique où il n'a pas d'incidence sur l'énonciateur. Un intermédiaire se charge d'un message pour le lointain et pour le proche. Au fur et à mesure que cette facilité m'était donnée de pénétrer dans les pratiques intimes de mes interlocuteurs, je me demandais quel rôle m'était dévolu, à moi, auteur. L'hypothèse de départ étant que dévoiler un secret c'est toujours faire avancer les rapports avec les gens ne fonctionnait pas à tout coup. Le secret ne débouchait pas forcément sur l'oppression d'un sexe par l'autre. Peut-être m'apparaissait-il même parfois à l'évidence que chaque sexe porte en soi des particularités et des limitations qu'il doit prendre en charge. On ne peut pas à l'infini s'étonner d'être ce que l'on est et refuser au nom de données sociologiques ce qu'en fait on refuse au plan biologique. Une fois dites les pratiques qui s'attachent aux règles, il me restait à me demander si le secret qui s'y rapporte, les pudeurs qui y demeurent liées, ne sont pas de ceux qu'il serait bon de conserver par-devers soi, en tentant toutefois de les insérer dans un relationnel différent. Notre époque transforme tout ce qui est dit en marchandise idéologique ; n'était-il pas tout simplement de l'ordre de la prudence que de se taire, de façon à préserver un lambeau d'humanité qui ne soit pas livré à l'impitoyable autogestion démocratique qui fait de chacun de nous des flics en nous-mêmes implantés ? Écrire sur les comportements personnels, n'est-ce pas renforcer une société qui a constamment besoin de tout savoir pour tout contrôler ? Il m'est apparu que ce sont les plus étouffées idéologiquement, les femmes, qui parlaient, verbalisaient le plus facilement leur comportement et ses mobiles. Elles utilisent la parole comme accès privilégié à autrui, alors que les hommes s'en méfient. La mutité des hommes, qui m'était insupportable jusque-là dans ce qu'elle frustre l'échange entre sexes, m'a semblé sous cet aspect un facteur positif de résistance à l'aveu auquel sans cesse nous sommes tenus dans tous les domaines de notre vie. Et parler des règles, c'est entrer dans un domaine secret. Quand on aborde le sujet dans des ouvrages où ne pas l'aborder serait par trop suspect, on le fait en quelques lignes, en parlant technique et en supposant résolus des problèmes qui n'ont jamais été posés correctement. Ceux même qui se disent libérés de tous les tabous se contredisent et ne sont pas clairs sur les règles. Il m'a semblé par exemple volontariste que des hommes qui n'en avaient pas envie fassent l'amour avec une femme à ce moment-là, et absurde que des femmes qui avaient envie de s'isoler l'oublient pour céder au désir d'un homme.

A la production des objets dans la sphère sociale correspond la rentabilisation des corps par l'acte sexuel dans la vie privée des individus. On tend vers une quantification de la sexualité. La fertilité se fait discrète, honteuse ; elle n'apparaît plus qu'au moment de la grossesse et sur commande. Les deux sexes se veulent identiques. Mon enquête m'a conduite à penser que le sang menstruel est l'ultime et nécessaire repère qui désigne sûrement la spécificité des sexes. Là s'établit un partage qui ne relève en aucune façon de critères masculins. Les règles, ce moment particulier du corps féminin, sont un enjeu et, au lieu de s'en débarrasser comme d'une tare, il conviendrait bien

plutôt de constater que si les hommes n'ont pas le privilège de porter ni de mettre au monde leur propre enfant,
ils n'ont pas non plus la charge biologique du saignement
périodique.

Les hommes et les règles

Alain, 35 ans.

J'ai un souvenir à la fois mythique et vrai dont je suis sûr. Ce souvenir est associé à ces ceintures monstrueuses que les femmes portaient après la guerre au moment de leurs règles. Ma mère est arrivée dans un équipement que je voyais, moi, petit enfant, comme du cuir fauve, et j'ai vu du linge taché. Je lui ai dit : « Maman, tu saignes, tu es blessée ? » Et elle a dit : « Oui, je me suis cognée. » J'ai rappelé par la suite ce souvenir à ma mère, qui a nié, et pourtant il n'y a aucun moyen que cette histoire vienne de quelqu'un d'autre. Plus tard, j'ai retrouvé chez les bandagistes quelque chose d'avoisinant, qui ressemble pour moi plus à un attirail érotique qu'à quelque chose de médical. Mais il n'entrait dans mon souvenir rien d'érotique : le couloir était noir, ma mère était dans la pénombre, et ce n'était pas beau.

Il n'y a pas de corps féminin interne dans le cercle familial du jeune garçon : les femmes de la famille doivent rester hors d'atteinte de toute considération sexuelle, de tout ce qui raccorde fécondité et désir. Le comédien Roger Hanin rapporte qu'en apprenant, vers treize ans, que les règles existaient, il demanda si sa mère, sa sœur, saignaient elles aussi. La révélation lui en fut insupportable et il fit rentrer cette vérité mal venue dans la gorge de son infortuné informateur à coups de poing redoublés. Connaissant cet état d'esprit, les femmes cachent souvent la réalité de leur féminité jusqu'à la nier et leurs enfants se confortent à leur tour dans l'idée que leur mère n'est pas une femme comme les autres.

> *Pierre, 40 ans.*
>
> Chez moi, on est extrêmement pudique sur tout ce qui concerne le fonctionnement du ventre et du bas-ventre. On ne laisse donc pas traîner des linges souillés, on les laverait même plutôt en cachette, on ne les mélange pas avec les autres linges. Tout ce que je sais, je le sais autrement que par mon expérience enfantine. Ce sont des choses dont on ne parle pas. Les femmes de ma famille font pour moi partie d'une catégorie à part. Je sais très bien que les mêmes choses se passent pour elles, mais ça ne fait pas partie de mon univers.

Ainsi chaque femme se contraint-elle à incarner jusqu'à la caricature un rôle unique : mère, sœur, amoureuse, putain, confidente... D'où le grand malaise des hommes lorsque la femme change de statut, au moment de la grossesse, de l'accouchement, lorsqu'il y a translation de rôle. Un ami m'a dit n'avoir plus été capable d'avoir des relations sexuelles avec sa femme au moment de ses règles depuis son accouchement. L'idée qu'il se fait d'elle avait changé, son sexe, jusqu'alors placé dans le champ du désir, avait subi un déplacement du côté du devoir. Le sexe d'où était sorti son fils ne pouvait plus être regardé comme objet de plaisir au moment où le sang menstruel venait rappeler sa fécondité.

On ne parle pas des règles aux petits garçons, comme aux petites filles : il faudrait alors aborder le sujet de la sexualité, puis celui du désir, et, de là, passer à l'idée que la mère saigne aussi, désire aussi, bref, vit quelque chose qui se situe du côté du plaisir alors que toute l'éducation de l'enfant est orientée vers le devoir, *via* l'hypocrite exemple des adultes ayant autorité sur lui. Apprendre, être sage, se soumettre, et, surtout, remettre à plus tard l'explication de ce que l'on ne comprend pas et qui viendrait peut-être détourner l'énergie de l'enfant et lui donner davantage d'autonomie, c'est là la base de la pédagogie la plus courante. Mais dans ce délai que s'accordent les parents se loge un interminable silence que le garçon ne rompra plus. En taisant une part importante d'elle-même, la mère s'est retranchée pour partie de son appartenance au sexe féminin, séparant à tout jamais dans l'esprit de son enfant la mère au corps présent — nourricier et consolateur — de la mère au corps absent — son sang, ses désirs sexuels. C'est lorsqu'il devient père à son tour que l'homme est à nouveau confronté à un corps-désiré/corps-maternel. Il est alors incapable de parler et d'harmoniser ce qui a été si tôt séparé. La thèse de Christiane Ollivier[1], sur la parole des femmes et le silence des hommes, est à cet égard très intéressante. Selon elle, la tendance à verbaliser des femmes serait la continuation d'un échec relationnel enfantin. Si les petites filles parlent plus volontiers et plus tôt que les petits garçons, ce serait un des effets du refus de symbiose que leur oppose leur mère. Cette logorrhée serait la volonté d'abolir une distance impossible à combler dans la relation précoce et univoque à la mère, dans la mesure où ce désir est repoussé par la mère, de même sexe et se comportant de façon hétérosexuelle et non bi- ou homosexuelle. En revanche, le silence du petit garçon serait l'établissement puis le maintien par l'homme fait d'une distance sans laquelle il n'aurait pu assurer sa sécurité ni son autonomie, dans la mesure où la mère le sature d'une relation symbiotique et se comporte avec lui comme une personne de sexe opposé et désirant. Ainsi la femme tendrait toujours à poser son existence face à une altérité qui se dérobe en s'appuyant sur le verbe, tandis que l'homme se réfugierait dans le

1. Ch. Ollivier, *Les Enfants de Jocaste*, Paris, Denoël-Gonthier, 1980.

silence face à une demande de relation perçue comme étouffante. Il semble que contradictoirement le petit garçon soit puissamment encouragé dans son mutisme par les silences que la mère elle-même établit entre elle et lui. Quand elle fait « comme si » les règles ne la concernaient pas, elle contraint son enfant à fantasmer ce que le réel lui dérobe.

Jean-Claude, 36 ans.

Les femmes de ma famille n'avaient pas de règles, cela n'existait tout simplement pas. Il n'existait pas de failles dans ce silence. Pour entendre un discours sur le sang, il fallait capter des bribes de discours chuchotés entre adultes. Je veux dire entre personnes étrangères à la famille. Ce discours, on ne le tenait pas aux enfants, qui ne sont, chez eux, jamais des interlocuteurs à part entière, sauf à obtenir plus tard une situation respectable.

Jean-Pierre, 28 ans.

Le sang des femmes, j'en ai entendu parler pour la première fois vers treize, quatorze ans, par des bavardages d'enfants. De la part de ma mère, c'est venu plus tard, j'avais quinze ans. C'est moi qui lui en ai parlé. Il ne fallait pas tellement que je compte sur ma mère pour être éduqué de ce côté-là, sur mon père encore moins. C'est très flou dans mes souvenirs, mais il m'en reste une impression de totale subjectivité.

Dans son obstination à cacher une réalité qui la dérange, la mère fait des règles quelque chose de sale, d'obscur, et le comportement ultérieur de son fils s'en trouve imprégné. Le mot règles lui-même porte cette agressivité, ce dégoût, cette obscurité.

Alain.

Dans règles, il y a le son « gl », glaire, aigreur, un mot qui sent la mauvaise haleine, qui ne me plaît pas. Je n'aime pas non plus menstrues, qui a un côté agressif, un peu sorcier. Pis que tout : « Les Anglais ont débarqué. » J'utiliserais plus volontiers le mot menstruation.

L'allusion faite ici à la sorcellerie vient rappeler que les menstrues avaient une place de choix dans la composition des filtres d'amour, de mort, de nouage d'aiguillette, chers aux sorcières, le pacte avec le Diable était scellé par du sang menstruel. Le mot *règles* gêne parce que la chose gêne encore davantage, le comportement masculin courant est donc d'éloigner le plus possible la chose et le mot. Le choix du mot se porte plus volontiers sur le vocable le plus neutre, qui ne sent rien et offre l'asile du scientisme. La nature est réduite aux modestes dimensions d'un cabinet médical. Dès qu'il y a évitement d'un problème sur la sexualité ou la fécondité, on ne manque jamais de retomber sur sa rationalisation par la science. Faute de l'examiner, on le contourne par des mots techniques, on se borne à la description des manifestations physiologiques en taisant soigneusement ce qui est en jeu, que ce soit le pouvoir, le désir ou la violence. Les parents agissent de même quand ils se décident à donner à leurs enfants une information sur la physiologie humaine.

Serge, 38 ans.

Mes parents m'ont donné une information sexuelle. Mon père m'a emmené dans son bureau à l'âge de huit ou neuf ans, pour s'entretenir avec moi du sujet. Ma mère en a fait de même avec mes sœurs. Je pris connaissance du processus de la reproduction par un livre qu'on m'avait donné, mais il n'y était jamais question du plaisir. On ne parlait pas pour autant à haute voix de tout ceci à la maison. Et, bien que sachant que les femmes saignent tous les mois, je ne le reliais certainement pas à la sexualité.

Aux questions fondamentales que l'enfant se pose sur l'être, sur la place qu'il occupe, les parents répondent par des notions de morphologie, de fonctionnement des organes, par l'argumentation technique. De fait, ils procèdent, comme autrefois par le silence complet, à l'édification *a contrario* de leurs enfants sur le rôle et le discours sociaux qu'ils devront tenir par paroles et silences, par gestes et absences. Lever le silence sur le corps n'a pas signifié lever le silence sur le désir qui meut les êtres et sur le devenir. L'information qu'on donne aux enfants sur les règles ne signifie pas de la part des adultes un comportement plus transparent à leur égard. Ce qui a été dit n'est pas montré et reste théorique. Implicitement, les règles demeurent liées à l'idée de maladie, de régression, de fatalité.

Serge.

Comme beaucoup de petits garçons, ce n'est pas le côté pratique qui m'attirait, mais le mystère. C'était dans les années cinquante. « Ça » séchait dans le jardin. J'avais cette curiosité furtive qui me poussait à trouver dans la corbeille à linge l'objet du délit. Il y avait autour de tout cela un secret relatif. J'ai cherché à voir. J'ai inféré de l'étendoir au linge sanglant dans la corbeille. Il m'en reste encore le souvenir de l'odeur de la corbeille à linge : et ce n'est pas un bon souvenir.

Alain.

Il me revient un souvenir pas très affriolant. Quand j'étais scout, j'avais douze ans, je suis allé avertir le chef de camp que les w.-c. étaient pleins de sang. Je pensais à une blessure possible. Il m'a répondu avec dégoût : ce doit être une femme. Et moi, j'ai entendu qu'il s'agissait là d'une maladie de femme, bien qu'à l'époque déjà je sache ce qu'étaient les règles.

Jean-Claude.

Un jour, mon père a dit à un pâtissier qui travaillait chez lui : « Ne faites pas attention à ce que ma femme dit, elle a ses règles. » Ceci fut dit devant moi, qui, à seize ans, n'avais encore aucune idée sur la sexualité puisque mes parents ne m'en avaient rien dit et que je ne m'étais pas renseigné par ailleurs. Habituellement, ma mère était très autoritaire, facilement énervée mais elle gardait néanmoins une certaine distance. Sa violence s'exprimait au moment des règles.

C'est une bien maigre récolte que rassemble le petit garçon par bribes de conversations, confidences d'enfants, investigations dans la maison familiale : agressé par la vue, par l'odeur, par la violence, il s'en tiendra là et n'osera pas faire part de ses découvertes empiriques aux adultes qui lui servent d'étalon-vérité. Obscurément soulagé, il se sent bienheureux de n'être pas du sexe d'en face. Le moment des règles est bien plus qu'un simple phénomène physiologique, cela, le petit garçon le perçoit clairement, mais c'est par un biais qui en tronque la compréhension. Dans la famille de Jean-Claude les règles de la mère donnaient une explication rationnelle à son comportement agressif. De fait, elles permettaient ici la cristallisation et l'expression de frustrations n'ayant rien à voir avec elles. Le petit garçon apprend qu'il est des moments où les femmes peuvent être tout normalement considérées comme irresponsables et engluées dans une animalité à laquelle lui échappera. Plus tard, devenu homme, il prendra soin de se différencier des femmes, de n'être pas susceptible de leur être assimilé, c'est-à-dire implicitement de ne pas se dévaluer. Il sera certes soustrait à la contrainte des règles étant homme, mais il vivra ce fait comme un privilège, dans le mépris, dans le refus global de l'autre sexe. Il subira ainsi une mutilation importante d'une part de son être, celle qui renvoie aux comportements dits féminins. Dans le même temps, les hommes veulent ramener le différent — les femmes — au même — c'est-à-dire eux —, et, comme la réalité dément sans cesse ces velléités de « macho-centrisme », il en résulte une grande angoisse devant le sang féminin.

Au plan social cela donne l'assimilation générale et péjorative des marginaux, artistes, écrivains, etc., qui produisent quelque chose qui n'est ni décodable ni consommable à première vue, à des femmes. C'est leur rapport à l'être qui est assimilé au féminin, parce qu'ils transgressent les frontières entre sexes, et que l'image masculine dominante est celle de l'être qui produit ce qu'on va posséder, utiliser concrètement, rentabiliser, production nécessitant des quantifications normalisées. L'image de l'artiste, du marginal, en société techno-bureaucratique, le renvoie à l'image de la femme dévaluée, du non-homme, ce qui donne en qualificatifs : « pédés », « gonzesses », etc., l'homosexuel étant ici celui qui refuse de faire la part en lui de l'être féminin ou masculin dans son expression sociale. Accepter la différence entre hommes et femmes, ce serait les placer non en dessous, mais à côté, et établir des valeurs égales aux attributs de chaque sexe, et le silence observé sur les règles n'est que le signe de ce refus de la part des hommes. Ce silence, qui s'étend à toutes les sécrétions féminines (sueur, cyprine, sang), les hommes, qu'ils se définissent de droite ou de gauche, entendent qu'il soit très strictement respecté par les femmes. Chaque sexe observe un comportement d'évitement. Soit l'homme refusera purement et simplement les relations sexuelles pendant les règles, soit il n'en fera pas un tabou sexuel mais en faisant en sorte que la femme se sente obligée d'être si discrète que le sang ne changera en rien les rapports habituels. Des deux façons s'établit le silence. Dans le premier cas, l'isolement est total, le sang appartient à un domaine intouchable. Chacun est hermétiquement isolé dans sa condition et remplit son rôle, dans une sorte d'éternité. Dans le second cas, sous des allures libérales — faire l'amour pendant les règles —, les règles sont encore plus sûrement occultées : non seulement on ne peut pas les voir en tant qu'indice de fécondité et de différence, et donc on les sexualise sans en percevoir la signification, mais il n'y a là aucun partage. Ce n'est pas l'homme qui vient sur le terrain spécifique à la femme, mais c'est, à l'inverse, la femme qui nie son état, sans espoir d'être reconnue, et fait comme toujours le chemin vers lui en ayant perdu la moitié de son identité, puisqu'elle est fantasmée comme objet sexuel éternel, fixée qu'elle serait dans une bulle de désir pur et essentiellement masculin où sa fantasmatique à elle n'a pas de place. Les hommes font l'amour *malgré* les règles, pas *à cause* d'elles. Il n'y a pas là l'idée d'une transgression liée au mystère de la vie, mais la persistance d'un désir masculin entièrement narcissique.

Si une femme se rebelle contre cet état de fait, elle aura à entreprendre un long dialogue, un long travail de mise au point pour donner une place à la menstruation qui ait une signification réelle, sincère pour chacun. Au fond du refus de l'homme, elle trouvera la peur. Tout au fond du sexe des femmes, il y a l'éternité qui de ses crocs broie leur phallus. Mais qui n'est pas broyé par le temps ? Cette peur des femmes et de leur régénérescence magique par les règles était ancrée dans le cœur des peuples primitifs : ce qui menace les hommes fait vivre les femmes. Le sang, en s'écoulant des plaies ouvertes sur le corps des hommes, les condamne à mourir ; en s'écoulant des femmes, il porte témoignage sur la vie. Ce mystère fondait autrefois une crainte jugulée par l'élaboration de lois très strictes. Élaborer une cosmogonie du sang relevait pour les peuples primitifs du simple instinct de conservation. Les hommes assignaient une place au sang féminin comme à toutes les forces chaotiques et primaires qui, autrement, auraient détruit leur identité collective. Toute transgression de ces lois mettait en péril non seulement la femme concernée mais sa tribu tout entière. Chaque individu devait se soumettre et prendre un certain nombre de précautions pour éviter les retombées collectives. Aujourd'hui encore, les femmes font chez de nombreux peuples l'objet d'interdits absolus, dont le plus répandu est l'exclusion du groupe pendant les règles. Un journal rapportait récemment le fait suivant : la femme d'un aborigène australien avait souillé de sang menstruel la couverture de son époux : il la tua, puis se donna la mort.

On trouve chez les hommes contemporains la trace de ces interdits anciens, et c'est par leur silence sur les règles qu'ils les trahissent le plus sûrement. Ils ne peuvent avoir aucune prise sur le phénomène des règles, elles leur demeureront inconnaissables et tant qu'ils ne voudront pas reconnaître à la femme une altérité authentique, tant qu'ils la voudront identique ou silencieuse, ils éprouveront de la peur ; le différent, s'il n'est pas reconnu, est toujours une menace.

Pierre.

Sang frais, sang vieux. C'est différent. Le sang frais, c'est beau, sa couleur est belle, son odeur est particulière : on a presque envie de le toucher. Le sang vieux, la tache de sang, ça fait partie pour moi des saletés, pour ne pas dire des immondices. C'est une souillure. C'est quelque chose de pur qui se serait altéré au contact d'autre chose. Mon sang ne me répugne pas, je le trouve beau et j'entretiens avec lui un rapport de fascination. Le sang et la vie sont liés pour moi. Le sang qui coule, ce n'est pas la vie qui s'en va mais la vie présente, la vie qui se manifeste. J'établirai une différence entre un saignement de nez qui me dégoûterait et une coupure que je trouve propre, naturelle. Il y a peut-être là une assimilation à faire avec le sang des femmes, il n'y a pas rupture, la vie se manifeste là d'une façon inconsciente, comme la lave d'un volcan qui surgit là à des moments imprévus, d'où un phénomène de non-compréhension. Dans le cas d'une coupure, la relation se fait immédiatement de la cause à l'effet, entre la blessure et le sang qui sort. Saigner du nez est beaucoup plus affolant. On ignore l'origine, la cause de ce sang : peut-être même vient-il d'autre part que de soi ?

Serge.

Le sang, je me le représente fluide, coulant, rouge vif, quelque chose qui menace toujours de foutre le camp. La vue du sang me fait m'évanouir. Je ne supporte pas la vue d'une atteinte à mon intégrité physique. Voir une aiguille s'enfoncer dans un corps me

met très mal à l'aise. Voir mon propre sang couler me fait m'évanouir.

Le sang, source de vie pour autant qu'on sache d'où il
vient, qu'on puisse le situer dans une causalité, devient
source d'angoisse quand son origine est inconnue ou
impossible à maîtriser. Ce qui était pureté, absolu, force de
vie devient pourrissement, menace de mort. Il est associé à
la putréfaction à venir du corps, à la fragilité de la vie, en
ce qu'il est une source intérieure finie, limitée. La souillure
dont parle Pierre, c'est aussi la mort. Le parallèle établi
entre le sang d'une hémorragie nasale et le sang des
femmes, aussi inéluctables et inacceptables selon lui que la
lave des volcans, assigne aux femmes une filiation avec la
fatalité, la mort, les forces naturelles dans ce qu'elles igno-
rent le contingent des existences humaines. C'est le refus
que le corps existe à parité avec l'esprit. Ce sang qui coule,
c'est un défi à la rationalisation par le raisonnement : rien
n'a de prise sur un processus qu'il faut, si l'on n'utilise pas
sa force dans le sens où elle s'exerce, subir dans l'impuissance. Évoquer le sang des règles dans cet état d'esprit,
c'est replacer la femme dans l'ordre de l'animalité et l'y
cantonner. Elle est déléguée de l'espèce humaine à l'animalité, parce que domine dans l'esprit de l'homme l'idée
que le progrès passe par l'éloignement de la matière, du
corps. C'est la vieille division chrétienne des sexes où
l'homme est l'esprit pur, celui qui transcende la matière et
où la femme est vouée à incarner et à subir toutes les
décompositions organiques.

Si l'homme saigne, il sent se diluer les contours de son
corps, le monde se dissout. Mais le pourrissement fait
partie de la vie, il en sort la vie. Ce dont les hommes se
sont débarrassés les hante toujours à travers le sentiment
de la dangerosité des femmes et de leur sang ; l'association
femme/désordre passe par le sang menstruel et la fécon-

31

dité. Les femmes sont amenées par des pressions sociales appropriées à cacher leur sang, révélateur d'une condition biologique qu'à la fois on leur dénie et qu'on entend pourtant qu'elles remplissent pour assurer dans un secret relatif la perpétuation de la vie, la pérennité du désir aussi. Les règles constituent la face sombre du désir, et l'enfant la face lumineuse. Incarner le désordre, la source de vie, la source de mort et l'émergence du désir : voilà ce qu'on demande aux femmes et on le leur demande dans la séparation des rôles, ce qui provoque en elles une implosion toujours renaissante, une violence inouïe qui les autoconsume dans l'impuissance à réaliser l'unification de leur être.

Quand Serge refuse la vue du sang, il refuse aussi bien l'idée de la mort que celle de la vie. Avoir horreur du sang jusqu'à s'évanouir, et demander ainsi à l'entourage le secours qui ramène à la vie, se rattache pour moi à l'idée de naissance. N'est-ce pas se dérober à cette évidence qu'on est né difficilement, dans l'obscurité et le sang ? On verra plus loin que Serge a refusé de voir naître ses enfants, après avoir assisté sa femme durant toute la dilatation, et qu'il n'a pas non plus de relations sexuelles avec elle durant ses règles. Toutes manifestations communes à beaucoup d'hommes et qui me semblent liées à une peur profonde des femmes et des différences entre les sexes. Le sang qui coule, l'enfant qui naît, évoquent tous deux le point de jonction de la vie et de la mort. Situer à la fois dans le sang et dans la femme ce point de jonction, et uniquement là, c'est refuser les intersections de soi-même avec les servitudes de l'espèce, c'est attribuer entièrement et magiquement à l'autre sexe la charge de la vie. Il est des visions nettement plus optimistes et enracinées à la vie.

Jean-Pierre.

Le sang, c'est le sens de la vie. Ce n'est pas nécessairement la mort. Pour un homme cela s'écoule automatiquement par une blessure. Ce n'est pas forcément la vie qui s'écoule : c'est peut-être une régénération. Tout ce qui s'est écoulé sera remplacé et les forces reviendront. Quand j'étais petit, j'entretenais mes blessures, je les grattais, bien conscient que même si le sang s'écoulait, ce n'était en rien un danger.

Thomas, 32 ans.

Le sang, c'est le lien à la vie, c'est un rappel de sa fragilité. Le sang qui coule, c'est la vie qui s'en va. Différentes en cela des hommes, les femmes ont la possibilité d'exister quand le sang coule, c'est même le signe de leur existence. Pour les hommes, la vie tient par le sang. J'ai une amie qui est très dépressive au moment de ses règles et cela suscite en moi une réaction double : de la solidarité, sur le mode : « Je t'écoute », de la tendresse triste parce que l'association de sa dépression et de sa douleur engendre chez moi l'impuissance à la consoler.

Alain.

Le sang, c'est une atteinte à la force, c'est la force qui s'en va, c'est quelque chose que je perds. Quand ça coule, c'est beau, c'est quand ça coagule que c'est moche. Si je pense à une blessure que je me fais en faisant du sport, ça me fait rigoler, ça a un côté cow-boy, folklorique. Je rentre chez moi, je suis boueux, j'ai le genou écorché, je saigne.

Si les trois témoignages se rejoignent sur l'image mentale du sang, lien à la vie, personne n'est d'accord sur la signification à lui donner ; l'un en fait un élément rédempteur, le deuxième y découvre l'altérité des femmes et le troisième évoque la guerre, les héros en marche, ivres de leur corps et le méprisant, car le sport est ici l'envers pacifique de la guerre. Soldat sportif, Alain rentre chez lui avec des égratignures, héros un peu dérisoire et qui le sait. Le sport a cet avantage d'être régi par des lois strictes et de ne pas comporter de mise à mort. Mais que le sang ignore la règle du jeu, qu'il fasse irruption dans la réalité et la panique monte : comment maîtriser ce flot, comment savoir si le sang séché, agglutiné à la blessure ne signera pas la mort ? Que le sang coule mais, surtout, qu'il ne coagule pas : l'immobilité, c'est la mort. La coagulation, c'est la souillure ; objectivement, c'est l'inverse, la coagulation est un signe de santé, de défense, mais son aspect d'entre-deux agressif pour la vue démontre que de la laideur, de l'ambiguïté, peut sortir la vie. On trouve ici l'idée que le mouvement est esthétique : « le sang coule », et l'immobilité laide : le sang coagulé est « moche », esthétique sur laquelle je reviendrai plus loin.

Les règles, dont il ne parle pas, ont pourtant une importance capitale dans l'évolution du petit garçon. De la même façon qu'elles marquent le sortir de l'enfance de la petite fille, elles permettent au garçon d'affirmer sa virilité naissante. Plaire à une fille « formée », c'est accéder au statut d'adolescent, bientôt d'adulte. Mais il ne faut pas que la réalité se montre dans sa crudité : les manifestations de la spécificité de la fille, cyprine qui coule sous les caresses, sang qui doit exister mais qu'on ne saurait voir, sont encore des liqueurs trop fortes pour que le garçon les affronte sans broncher.

Alain.

Étant adolescent, j'avais une grande fascination pour le système féminin, les seins qui poussaient, mais je n'aimais pas les excrétions. Quand je caressais une petite amie et que je faisais (j'avais douze ans) des caresses un peu plus précises, si ça devenait gluant, j'avais tendance à retirer la main. A la limite, un sexe sec me paraissait plus encourageant — maintenant c'est plutôt l'inverse. Sans vouloir être une femme, j'étais très ému par les petites filles de mon âge. J'inventoriais les progrès de leur transformation et les règles faisaient partie de leur nouvel attirail. De la même façon que j'ai été très fier de ma première maîtresse qui avait un enfant, ce qui me conférait un statut d'adulte, le fait que mes petites amies aient eu leurs règles, que, en conséquence, elles soient des femmes, faisait de moi un homme puisqu'elles m'admettaient. On avançait tous en âge.

Ma première approche des règles a coïncidé avec mes premiers rapports avec la sexualité. J'avais un code de relation compliqué avec ma petite amie d'alors. Elle avait seize ans et c'est la dernière avec laquelle je n'ai pas couché. On passait notre temps à se faire peur en frôlant l'acte sexuel mais nous nous sommes fâchés avant que ça n'arrive. Lorsqu'elle m'a dit ne pas pouvoir faire l'amour, je me souviens avoir tenté de la tester en lui demandant si elle pouvait aller à la piscine. Il me revenait en mémoire que les filles — c'est du moins ce qu'on disait — faisaient tourner la mayonnaise et ne devaient pas aller à la piscine à ce moment-là.

Les premières fois il n'est pas question d'aborder de front le problème de la sexualité, de dire les mots tabous, de parler désir, contraception, peur de l'autre et de soi. On procède par approches de côté, on décale d'un cran la réalité, on utilise la vision périphérique. Une fois évités les problèmes réels, on peut tout tranquillement faire des règles, et d'elles seules, le fondement le plus solide à un refus des relations sexuelles. L'acte sexuel se trouve dès l'abord interdit par ce faux prétexte sans que l'un ou l'autre puisse voir menacée l'idée qu'il se fait de lui-même. Le refus gît bien ailleurs : dans la peur de la pénétration, la peur du pas qu'il faut franchir du statut de vierge à celui de femme, l'antinomie entre relations sublimées et relations charnelles, dont les premières seraient spirituelles et lumineuses tandis que les secondes seraient secrètes et animales, le fait enfin que ce billet pour la sexualité n'est constitué que d'un aller et qu'il faut laisser l'enfance derrière soi.

On ne décide pas *ex abrupto* de faire l'amour pendant les règles : il y faut des urgences. Que les règles surgissent et s'introduisent par effraction pendant l'acte sexuel. La coïncidence des règles et d'une rencontre. Le désir en ce qu'il veut être satisfait immédiatement. Toutes raisons dont l'urgence permet la transgression du tabou des règles qui pour être nié n'en existe pas moins. Un homme et une femme ne font pas l'amour en tenant compte des règles mais en écartant leur présence comme une gêne qui retire l'état de grâce au rapport amoureux. Dans ce type de relations, le fait de faire l'amour malgré les règles contraint la femme à être extrêmement discrète sous peine de voir disparaître le désir chez son compagnon. C'est ce qui détermine un grand nombre de femmes à refuser l'acte sexuel pendant leurs règles. Ce refus fonde chez les hommes l'idée que les femmes sont soumises aux tabous ancestraux et qu'ils sont eux les conquistadores qui tranchent les liens familiaux et sociaux, les éléments moteurs de la libération des femmes. La réalité est bien différente. C'est le regard des hommes sur elles pendant les règles, leur tendance à nier ce qu'elles sont, que les femmes refusent.

> *Jean-Claude.*
> La première fois que j'ai fait l'amour avec une fille à ce moment-là, c'était à la campagne. La fille m'a dit : « Cela ne te gêne pas que j'aie mes règles ? » Et je ne me suis aperçu de rien. Elle avait hésité et pris son élan pour poser la question. C'était important pour elle de préparer le terrain, de dire. Cela représentait une sorte de mystère : l'énoncé provoque le recul. Mais si on ne dit rien, on voit les choses comme elles viennent. C'est comme un baiser, on ne le demande pas, on le fait. Il y a des choses qui se font en se faisant, pas en se demandant.

Jean-Claude est sans nul doute sincère en professant qu'on peut avancer en terrain découvert et compter que l'autre ne profitera pas de la vulnérabilité qui s'offre à lui pour donner à la femme une leçon de discrétion, mais les témoignages de femmes qu'on pourra lire ensuite tendent à prouver que, au simple énoncé du mot règles, un bon pourcentage d'hommes est réduit à l'impuissance, et que si le simple énoncé produit cet effet, la chose elle-même produira la répulsion. En conséquence, les femmes se sentent tenues de feindre le même comportement que si les règles n'étaient pas là, alors que chacun des deux partenaires sait qu'elles sont là. Leur existence n'est tolérable que dans le non-dit, dans l'éviction, dans l'évidence non posée et toujours vérifiée qu'il ne doit rien se juxtaposer à la sexualité. Ce n'est pas sans réserves qu'une femme accepte de faire l'amour pendant les règles parce qu'elle sait qu'elle devra nier une part d'elle-même pour apprivoiser l'homme et en retirera un sentiment de duplicité. Il y a toutefois des exceptions à ce comportement masculin et les hommes qui tiennent compte des règles en acceptant qu'elles apportent une dimension supplémentaire à l'acte sexuel sont confrontés à une vérité qu'ils n'oublieront plus jamais, celle de l'incomplétude de leur sexe, muré dans le seul désir.

Thomas.

J'avais seize ans quand je me suis sauvé huit jours avec une fille. Elle avait ses règles et j'ai trouvé ça très beau. Le fait qu'il soit plein de sang me rendait mon sexe moins inacceptable dans son apparence de violence, de dureté. Le sang rétablissait l'harmonie. J'établissais un rapport entre mon corps et ce sang-là.

De façon plus générale, et sans vouloir le dire, l'homme n'entreprend pas de relation sexuelle pendant les règles sans une certaine appréhension. Il lui faut se conforter par désir ou par volontarisme pour forcer l'intuition qu'il se trouve mêlé à quelque chose qui ne le concerne pas entièrement. Le refus souvent opposé par la femme lui évite de se mettre en cause ; il préfère l'amener à résipiscence ou bien, faute de pouvoir y parvenir, se dire qu'elle n'est pas « libérée ». Je parle là des hommes qui disent ne pas faire de différence entre la période menstruelle et le temps ordinaire. Ils se rangent dans le clan progressiste, opposé selon eux au clan des réactionnaires qui se déclarent incapables de toucher une femme qui saigne. Narcissique et angoissé, l'homme se demande même s'il n'est pas à l'origine de ce qui fait saigner la femme. Il appréhende de faire mal, la douceur, la vulnérabilité de la vulve, des nymphes, du vagin, viennent encore renforcer l'apparence de violence de son sexe érigé. L'analogie entre spéculum et pénis est facile, mais il est vrai que beaucoup de gynécologues ont chevillé au corps la hantise de blesser les sexes féminins qui se prêtent en confiance à leurs soins. Cette culpabilité diffuse qui ferait de l'homme la cause du saignement féminin est parmi d'autres une des manifestations de son incapacité à concevoir de n'être pas l'universel modèle de l'humanité, d'avoir un *alter ego* dont le biologique s'exprime différemment et qui pourtant le retrouve ailleurs sur des valeurs universelles. Il préfère, bien que cela l'angoisse, s'imaginer être la source de la vie et de la mort.

> *Alain.*
>
> La première femme avec qui j'ai eu une liaison s'est fait surprendre par ses règles pendant l'amour. Je suis sorti d'elle ruisselant de sang et je lui ai dit : « Tu saignes. » J'ai cru que je lui avais fait mal. Quand elle m'a dit ce que c'était, j'ai cessé d'avoir ce complexe de la brute. Et c'est comme ça que j'ai fait l'amour pendant les règles de quelqu'un sans le savoir. Ça n'a pas provoqué en moi de dégoût particulier, j'ai donc continué par la suite.

Une fois surmontés les fantasmes principaux, la crainte de faire mal et le dégoût éventuel, il reste à minimiser les règles, à leur donner le moins de place possible, à leur nier toute signification ; dans un moment où devrait être accepté un phénomène physiologique incontournable, il faut faire resurgir l'urgence du désir, dans ce qu'il veut être satisfait ici et maintenant. Ce qui est dommage, c'est que ce désir, qui est un moteur puissant pour reléguer au second plan les inhibitions sociales, ne soit pas porté jusqu'à l'acceptation totale de la différence au lieu d'aider à l'occulter.

Jean-Pierre.

J'avais seize ans la première fois que j'ai fait l'amour avec une fille qui avait ses règles. C'était au bout de quatre mois de liaison. Les premiers rapports qu'on a eus, on ne faisait évidemment pas l'amour pendant ses règles. Une fois, j'avais envie de le faire à ce moment-là et on l'a fait. Elle aussi en avait envie, simplement elle se créait une barrière. Je lui ai dit que ça ne me dérangeait pas — je n'en savais rien puisque je ne l'avais jamais fait — et puisque j'en avais envie, il faut croire que ça ne me dérangeait pas. J'étais bien conscient que je franchissais des tabous qui pesaient là-dessus, je bravais la société.

Alain.

La seule chose qui aille dans le sens de l'érotisme dans l'amour pendant les règles, c'est que, partant du principe que l'acte sexuel n'est pas possible, on accroît le désir dans des proportions pas possibles et ça débouche sur un acte de type «petit garçon». Je veux dire que, en temps ordinaire, je suis un amant de type cérébral, très contrôlé. Et là, c'est une sorte de cadeau à l'envers, une jouissance très abandonnée et tout ça à cause de l'interdit. On se dit qu'on ne va pas le faire et puis on se fait quand même plaisir parce qu'il y a du désir.

Pendant que d'autres désirs sont constamment frustrés, la satisfaction immédiate des désirs relatifs à la sexualité est actuellement érigée en religion, en quasi-obligation, et c'est si vrai que, pour n'être pas soupçonnées de frigidité ou de conservatisme, beaucoup de femmes se plient au désir de leur compagnon quand elles aimeraient s'isoler pendant leurs règles. Je ne nie pas que les femmes puissent avoir du désir à ce moment-là, je dis qu'elles se dispensent de s'interroger là-dessus et privilégient par là un autre désir que le leur. Et quand elles résistent au désir de l'homme, c'est en invoquant des objections d'ordre pratique. La propreté constitue l'artillerie lourde de cette pauvre guerre perdue d'avance. Quelques-unes y ajoutent la migraine, la fatigue, la douleur, ce qui finit de persuader les hommes que toute femme est un être voué à subir la nature dans ce qu'elle a de plus contraignant. Ce qui est au centre du refus est tout autre que l'empêchement physique, c'est la demande d'un moment où le corps s'appartienne. Cette demande-là exclut l'homme, elle lui montre qu'on peut se passer de lui pendant un moment pour exister, et lui entend que ce moment pourrait se prolonger et l'exclure tout à fait. C'est le tout ou rien, où la femme ne peut affirmer un moment d'autonomie sans risquer de perdre une relation à laquelle elle tient. Ne sachant pas comment se sortir de cette situation, elle assume l'épithète de femme arriérée et soulève des problèmes annexes pour ne pas affronter les problèmes d'autonomie dans la relation amoureuse dont elle devine que leur discussion serait hautement périlleuse. Peu d'hommes admettent qu'une femme élise ses règles comme temps de retraite.

Thomas.

Il est vrai que les femmes ne sont pas tenues de porter avec moi mes fantasmes relatifs au sang, sauf si elles les partagent. Si leur refus n'est pas établi sur des vieux tabous culturels, car alors j'en discuterais, c'est qu'il est basé sur un mode d'existence autre et je n'ai rien à en dire.

A., mon amie, fait de ses règles un temps préservé, où elle se retire en elle-même, où elle se met à l'écoute de son corps sans qu'il s'y mêle rien d'autre. Elle me fait savoir par boîtes de tampons interposées qu'elle a ses règles et je sais qu'elle n'attend rien de moi à ce moment-là.

Pierre.

Quand j'ai connu des filles, j'ai su qu'à certaines périodes il y avait de leur part un refus d'avoir des relations sexuelles. Pendant un certain temps, je ne comprenais pas pourquoi. Après, j'ai un peu mieux compris. Elles ne voulaient pas se dévoiler sous certains aspects, se montrer en état de règles, soit par pudeur, soit aussi parce qu'elles avaient déjà essayé et que, inhibées par leur éducation, elles y prenaient par conséquent beaucoup moins de plaisir.

Tous les hommes « libérés » ne sont pas aussi tolérants et ils supportent mal de différer leur désir. Ils préfèrent interpréter ce refus comme un signe d'arriération.

Jean-Pierre.

J'ai rencontré des femmes qui se disaient libres et qui ne voulaient pas faire l'amour à ce moment-là. Je leur expliquais que ça ne changeait rien pour moi, que je n'ai pour ça ni répulsion ni fascination. Mais il y en a chez qui c'est vraiment ancré. Pourtant maintenant l'idée de transgression ne joue plus. Moi, j'ai toujours essayé de ne pas faire de différence entre cet état-là et l'état normal. Et je fais l'amour à ce moment-là si j'en ai envie et qu'on me le permet. C'est le contraire qui me semblerait anormal. Il est évident que j'essaierai de convaincre une femme qui ne voudrait pas, mais il est hors de question de la forcer. A elle de décider. En ce qui me concerne elle saura que cet empêchement ne viendra pas de moi mais d'elle. Si je me mets en dehors de leurs raisons, il ne reste rien de sérieux : salir les draps, ça tourne autour de l'hygiène, rien qui concerne le désir.

L'homme, qui se veut initiateur de la femme aux délices sexuelles, ne conçoit aucune raison susceptible de le frustrer d'une satisfaction sexuelle immédiate. Il décide que les règles ne comptent pour rien : mais c'est précisément cela, cet effacement des règles et d'elles-mêmes par conséquent, qui motive le refus des femmes. Les hommes « progressistes », en normalisant les règles, les occultent à leur tour. Ce qu'ils définissent comme un progrès, c'est l'accès à tout moment au sexe féminin, selon des critères et des modalités par eux définis. D'ailleurs, à y regarder de plus près, il n'est pas évident que le temps des règles soit perçu comme à ce point inoffensif par les hommes « libérés ».

Jean-Pierre.

Pour moi, cela ne fait aucune espèce de différence. Bien sûr, j'irai me laver, mais ce n'est pas une différence importante. Les règles, ça existe, il faut vivre avec, il ne faut pas se créer un problème là-dessus, bien que ça soit sûrement un rythme contraignant. Je crois qu'une fille qui a ses règles doit peut-être avoir un peu plus d'hygiène que d'habitude, mais sans plus.

La propreté, qu'on récusait comme argument au profit de la satisfaction du désir, réapparaît après, alors qu'elle n'est ordinairement guère évoquée à propos du sperme.

Alain.

L'image des règles pendant le coït, ce n'est pas pour moi celle du sexe ruisselant de sang, c'est, au petit matin, cette espèce de barre de sang coagulé qui reste sur le haut des cuisses qui n'est pas très sympathique mais pas non plus dérangeante.

Alain, c'est l'homme qui disait : « Quand ça coule, c'est beau, c'est quand ça coagule que c'est moche. »

Interrogés sur leurs sensations, les hommes admettent que, pendant les règles, « le contact physique n'est pas le même » et que « le sexe est beaucoup moins serré », ou que « la lubrification est différente et le frottement irrégulier ». Ceux qui éprouvent un sentiment de transgression ne placent pas la différence dans le contact physique mais dans l'approche psychique qu'ils font de la relation sexuelle pendant les règles. A cet égard, le rapport à l'objet qui s'interpose entre les partenaires sexuels est instructif. Le tampon, actuellement très utilisé par les femmes, suscite des réactions variées.

Comportement neutre, de type hygiéniste :

Serge.

J'aimerais autant ne pas mettre ou enlever un tampon. Là-dessus, avec S., il n'y a pas de discours, pas d'évitement non plus. On se promène à poil et S. n'attend pas que je libère la salle de bains pour se changer si c'est nécessaire.

Comportement agressif. Du tampon considéré comme un rival :

Alain.

J'ai un rapport un peu tumultueux au Tampax. Il m'est arrivé parfois d'avoir la tentation de l'enfoncer rageusement en l'autre. Je ne raffole pas non plus du Tampax posé au dernier moment à côté du lit (mais je n'aime pas non plus mettre un préservatif au dernier moment). Je me suis efforcé de regarder l'objet tel qu'il est. Je n'ai pas de dégoût, pas d'affection particulière non plus.

Comportement d'éviction. Haine de l'objet transitionnel.

Pierre.

En ce qui concerne le rapport amoureux, ce n'est pas le sang lui-même qui fait obstacle. Ce sont les objets étrangers, et particulièrement l'objet taché. Je sais très bien que si une fille retirait son tampon devant moi, ça me couperait tous mes effets. Je ferais en sorte qu'elle comprenne que ce n'est pas le lieu ni le moment de le faire. Pour moi, un tampon, un diaphragme, un préservatif, sont des objets qui s'intercalent entre moi et des choses qui sont naturelles. A la limite, ça ne me gênerait pas de voir une femme dont le sang s'échappe du ventre. Mais à partir du moment où il y a un objet : culotte hygiénique, tampon, etc., je trouve ça antinaturel. Ces objets ont été créés justement pour qu'on ne voie pas, alors pourquoi me les imposer ensuite ? Cette volonté première de discrétion devient de l'exhibitionnisme. Je comprends l'exhibitionnisme, un type, par exemple, va se déculotter et se masturber en public, mais je comprendrais moins bien qu'il se mette un préservatif en même temps, sauf en signe de dérision.

Les règles sont pour moi le symbole de la vie. La vie est désordonnée, exclusive, mais elle existe et ça ne me dérange pas. C'est quand on met des barrières, quand on la cache par des objets que ça me dérange. Il y a là un phénomène attirance-répulsion. Je ressens cela comme un viol de la vie, le fait de rentrer dans un mystère de façon inesthétique.

Le rapport sexuel doit se passer sans objet interposé. Les règles qu'on refuse avant le coït en tant qu'argument contre la satisfaction du désir viennent le menacer quand elles sont hors du corps féminin, souillant un objet. Il y a là une demande explicite de discrétion : l'homme entre dans l'espace de la fécondité, il y superpose celui de la sexualité et ne veut rien savoir de plus. La femme doit souscrire à une esthétique du désir où elle est niée deux fois : son refus est reçu comme une arriération culturelle et son acceptation est soumise à un code masculin où tout ce qui trahit matériellement le sang doit être caché. L'acte sexuel doit être pur de tout objet transitionnel. Cette attitude esthétique se retrouve en maintes occasions : beauté du mouvement opposé à la hideuse rigidité cadavérique, chatoiement du sang vermeil et fluide opposé au sang coagulé, etc. Dans l'intimité amoureuse, il est fréquent que l'homme assiste à la miction d'une femme ; pisser serait donc esthétique, mais que la dame s'essuie et l'homme se détournera : la consommation de l'action est inesthétique. Semblablement, s'avancer vers quelqu'un ou le quitter, et même allumer une cigarette ou l'écraser. C'est dans le mouvement ascendant que l'homme veut voir l'esthétique, l'action seule l'intéresse mais l'acte d'entretenir, de terminer, de consommer, il le laisse à la *discrétion*, pleine et entière, de la femme.

Pierre.

J'aime qu'une femme soit discrète quand elle se change pendant ses règles. Qu'elle me le fasse savoir, pas qu'elle me l'étale. Ça participe à la fois d'une fascination et d'un embarras. Ça complique la vie, les situations. Ça oblige à avoir une attitude particulière. Ça compte dans la vie avec une femme, certes, mais ça ne doit pas dominer trois ou quatre jours par mois. Ça me gêne de rencontrer des femmes qui laissent traîner des affaires tachées, abîmées, souillées.

Je ne tiens pas compte des rythmes féminins, bien que j'y sois confronté. C'est une chose que je ne comprends pas. J'ai pu constater que les périodes sont parfois douloureuses, quelquefois irritantes. Ma réaction est de me dire que ça arrive treize fois par an, et régulièrement. Les premières années, c'est une situation que la jeune fille ne connaît pas, il y a donc une inconnue. Mais quand ça arrive à quelqu'un depuis dix ou quinze ans, je ne comprends pas qu'elle réagisse à ce moment-là comme une espèce d'objet, comme une marée qui automatiquement flue et reflue. Je ne comprends pas qu'on n'arrive pas à dominer la situation, qu'il n'y ait pas une habitude qui s'installe et une volonté de prendre ça en charge, je n'admets pas cette soumission.

Il y a là davantage et autre chose que le désir de jouir. Il y a là le refus de la différence, la volonté que les sexes soient apparemment identiques, que rien ne trahisse l'aspect angoissant de la reproduction de l'espèce. On veut bien fantasmer sur les différences, on ne veut pas les voir. On retrouve ici l'idée que le corps est sale et que les femmes incarnent cette saleté. La différence entre les sexes doit être dominée mais uniquement par la femme, et sur le modèle masculin. Cette domination passe par la disparition du sang qui ne doit rien souiller. Il est esthétique que le sang coule de la vulve, il est inesthétique qu'il ait de ce fait taché un drap. L'idée du sang est belle, sa réalité est sale. On comprend que les femmes ne veuillent pas affronter ce regard-là des hommes, pourquoi elles préfèrent se dérober à leur désir quand elles en ont la force.

Beaucoup d'hommes sont ainsi, épris de maîtrise de soi et de rationalisation des comportements. La comparaison entre règles et marées fluant et refluant automatiquement ramène une fois de plus les femmes à être le lieu de l'enchaînement de l'humanité, le lien détesté qui empêche l'humanité de s'envoler vers les sommets éthérés de la spiritualité. Se rebeller contre la soumission des femmes à un phénomène qui se produit de toute façon me semble irréaliste et mortifère. Pourquoi ne pas utiliser cette force dans le sens où elle va et plonger en elle pour desserrer précisément les liens avec l'intellect ? Et, surtout, pourquoi cette gynophobie qui consiste à demander aux femmes l'indifférenciation entre les sexes ? A l'opposé, d'autres hommes s'aventurent en *terra incognita*, allant jusqu'à faire du fameux tampon un jeu érotique.

> **Thomas.**
> Il m'est arrivé, à la demande de quelqu'un, de retirer son tampon : quand je l'ai eu fait, elle ne pouvait plus me percevoir comme dangereux dans sa vie : elle m'avait donné le droit d'accéder à ce lien premier du sang.

Je trouve qu'il y faut du courage, et que sur ce terrain de femmes bien des hommes pourraient perdre leur identité. Thomas place exactement le problème où il se situe, et « ce lien premier du sang » fait clairement allusion à la naissance. Il va bravement constater qu'elle peut concevoir et lui pas. Qui est le plus dangereux des deux pour l'autre ? Cette dangerosité est perçue diffusément et il est admis qu'il faut un certain degré d'intimité pour aborder le sujet des règles, qu'on s'interdise ou non l'amour à cette période, et *a fortiori* pour le faire.

> **Jean-Pierre.**
> Lorsque c'est un rapport de rencontre, le sang n'apparaît pas, selon peut-être un accord tacite. Il y faut un rapport nécessaire de confiance et que la relation s'établisse pour un certain temps.

Après l'affirmation que les règles n'induisent aucune différence dans les rapports sexuels vient la constatation contradictoire qu'il faut avoir apprivoisé l'autre pour faire l'amour pendant les règles. Quel danger recèleraient donc les règles ?

Pierre.

Faire l'amour avec une femme qui a ses règles c'est une preuve de confiance. Pour quelqu'un qui a été élevé comme moi, il y a là un problème de transgression, de fascination qui ne tient absolument pas au rapport physique mais à tous les interdits qui planent là-dessus. Il est évident que si je monte un jour avec une pute et qu'elle me dit qu'elle est indisposée, je lui dirai non, et je prendrai quelqu'un d'autre. Il y faut une confiance réciproque.

De quoi est faite cette confiance réciproque ? Du côté de la femme il y a l'espoir que, moyennant certaines concessions, elle ne sera pas refusée. Chez l'homme il y faut l'assurance que rien de mal ne lui viendra par ce sang qu'il sent confusément peser comme une menace sur son intégrité psychique et physique. Cette acceptation mutuelle est nécessaire mais il demeure l'idée, latente chez certains hommes lors de tous rapports sexuels, que, plus qu'un autre moment, les règles s'accompagnent d'une hantise de l'avilissement par l'amour physique, dont la responsabilité échoit aux femmes. On conçoit aisément combien il est difficile d'adopter un comportement dégagé face à une telle pression : la tentation de régression est pour une femme d'autant plus forte que la chute hormonale pendant les règles induit souvent une humeur plutôt introvertie ou mélancolique.

Jean-Pierre.

A ce moment-là, les femmes me semblent plus femmes-enfants. Elles font une espèce de retour sur leur attitude familière, elles paraissent soumises, douces, elles font davantage l'amour comme un câlin.

Et certes, le rythme du cycle menstruel est fait d'un double mouvement, ascendant et descendant. Dans le mouvement ascendant, celui qui mène à l'ovulation, c'est la confiance en soi, l'action facilement entreprise. Le mouvement descendant se termine par la débâcle du nid inutile et les règles sont un moment d'abandon, un moment de vulnérabilité. Il a, ce moment, la contrepartie de susciter chez l'homme qui l'entend une pause. Le temps d'une respiration, il oublie sa conception dominatrice de l'amour. Chez lui aussi monte l'idée de la confiance. Cette vulnérabilité suscite la sienne, il peut relâcher sa tension, abandonner l'idée qu'il doit fournir sans cesse des preuves de sa virilité. La trêve qui s'instaure là laisse entrevoir des rapports où la transparence permettrait d'écarter l'idée de propriété, où personne n'attendrait rien de personne et se sentirait plein et fort sans combattre.

Le moment des règles est un moment fragile des relations hommes/femmes. Chacun désigne par son attitude la nature exacte des rapports qu'il entretient avec l'autre. Chacun assigne à l'autre la place qu'il tient dans son affectivité. L'accès au plaisir de l'homme procède à ce moment-là d'une initiation. Le rapport charnel participe à la fois de la sexualité et de la fécondité, une sorte de mélange entre profane et sacré. La méfiance ne peut avoir de place à cet endroit, rien qui puisse blesser l'autre ne doit apparaître. Que les femmes refusent souvent cet accès à l'homme ne fait que souligner que cet état d'esprit est peu partagé. Les hommes que rebute l'être féminin dans sa vérité préfèrent s'éloigner pour n'être pas affrontés à un climat qu'ils ne supportent pas. Ceux qui se disent modernes refusent tout simplement d'envisager qu'il y ait problème, et s'en tiennent à l'éviction, en feignant de ne pas voir les règles.

Pierre.

Une femme qui a ses règles a tendance à se retrancher. Elle est plus femme à ce moment-là. Elle donne l'impression d'appartenir à une autre espèce, de se différencier totalement. D'avoir à la fois un complexe d'infériorité et un complexe de supériorité, de dominer la vie.

Au moment d'admettre la différence, Pierre préfère penser que les femmes appartiennent à une autre espèce. Et, en effet, bien qu'il affirme le contraire, un homme ne peut manquer de se comporter différemment lorsqu'il est admis à faire l'amour pendant les règles.

Alain.

Il m'arrive de faire l'amour très complètement et très normalement avec une femme qui a ses règles. Mais c'est le moment où cet aspect de ma sexualité est fait de renonciation à être celui qui fait jouir, le mâle triomphant grand maître du plaisir. Je ne suis plus Superman. Je jouis doucement sans chercher à améliorer quoi que ce soit, la tête sur une épaule. Je m'abandonne à ce que je sens être une sexualité de petit garçon. L'amour ne procède plus de la technique amoureuse mais de quelque chose de plus spontané, de plus amical et de plus partagé.

L'amour dans les règles est associé à ça. Un polder : ton sang est à moi aussi, je le partage, tu partages quelque chose avec moi. J'ai souvent eu l'impression que beaucoup de femmes, même fortes et bien dans leur peau, ont là une espèce de vulnérabilité qui m'émeut, qui m'engage à être gentil.

En vérité, quelle victoire énorme que celle de la femme qui arrive à faire baisser les armes au phallus conquérant par le simple fait de se montrer dans sa vérité. Dans ces conditions, plus question de guerre, les règles instaurent une trêve où chacun peut régresser sans encourir l'ironie de l'autre ou son désir de domination. Un mot employé par Alain est frappant : « polder ». Lui entend comparer son sexe à une terre immergée. Mais il est difficile de ne pas évoquer ce territoire gagné sur la mer en d'autres termes. Les règles sont l'affirmation de la potentialité de vie. Explorer un sexe de femme à ce moment-là, n'est-ce pas retourner aux origines, entrer en la mère réelle/potentielle ? L'amour pendant les règles a décidément plus à voir avec la fécondité qu'avec la volupté *per se*.

Reconnaître qu'il existe une différence irréductible entre les sexes, et tout en l'admettant essayer de voir ce qu'un homme peut apprendre de cette différence, n'est pas l'attitude la plus répandue. C'est celle de Thomas : à lui de clore ce chapitre.

Thomas.

Le fait que les femmes puissent me parler de leurs règles quand j'ai avec elles une relation importante me ramène à un type de connaissance très spécifique et qui appartient en général aux femmes. C'est la capacité de voir tout ce qui peut se jouer dans le particulier — au sens où on apprend aux hommes ce qui peut se jouer dans le général. C'est une capacité que j'ai de manière volontariste : m'entendre, m'écouter, m'aimer. Et c'est seulement à travers le «paternage» de ma fille que j'ai commencé à entrevoir ce que je fais avec mon corps et que les femmes font pour la plupart spontanément, sauf à être contaminées par l'attitude masculine. Elles se voient faisant, étant, au moment où elles font, au moment où elles sont.

Le silence des hommes sur les règles a pour moi à la fois un côté négatif et positif. Négatif en ce qu'il montre que les hommes ont peur du sang des femmes parce qu'il véhicule une partie de leur identité réelle et qu'il est foncièrement étranger à leur fausse identité sociale. Il y a un feint élargissement de la liberté des femmes, un champ de liberté théorique et non réalisé. Les femmes auraient brisé les limites de leur identité telle que définie socialement. Mais là-dessus ont continué de s'exprimer les limites extérieures. A l'intérieur même de cette pseudo-liberté sexuelle, le sang continue à faire peur. Une peur très forte que n'énonce nulle parole. Je suis moi-même agressé et fasciné par le sang des femmes, sa couleur, sa luminosité. Les règles sont vivantes, attirantes.

Le silence des hommes a aussi un côté positif. Il est respect de l'existence de la différence de l'autre, différence irréductible et impossible à comprendre, à appréhender. On ne peut la maîtriser, même si on en a une sincère volonté. Alors cela consiste simplement à admettre l'existence d'une différence à l'intérieur d'une même espèce. La partie de la différence qu'on n'arrive pas à supporter, on la sublime par un faux discours de compréhension, d'égalité. C'est le discours hypocrite sur le droit à la différence qui consiste à la nier, là ou elle fait encore peur. Le sang des femmes, c'est la partie haute de l'iceberg, bien qu'on l'occulte autant qu'on peut. C'est l'affirmation des possibles d'existence des femmes, et tout autant de l'existence actuelle, possible, des hommes par rapport aux femmes. Et je trouve dommage que des gens comme Duras ou Godard n'aient jamais rien dit là-dessus.

Les règles :
en avoir ou pas

Les témoignages suivants viennent de femmes de 14 à 37 ans, ils ne se réfèrent donc pas à une époque révolue. On y trouve le reflet d'un silence fait de tabous anciens et aussi le reflet d'une parole qui, pour les transgresser, n'en est pas moins d'un volontarisme qui produit les mêmes effets. Les règles restent ce qu'elles furent : une malédiction que les femmes subissent et dont certaines sont tentées de se débarrasser tandis que d'autres se cherchent et se trouvent des raisons de les aimer et réussissent par là à transformer en force leur faiblesse.

Avoir ses règles, c'est entrer dans le clan des femmes. C'est le signe de l'appartenance à un sexe, l'accès à un secret qui est seulement partagé par les femmes. Pour la petite fille, cet accès à la féminité ne signifie pas l'accès à la sexualité : c'est sa possibilité différée. Certes, elle pourrait concevoir dès douze ans, mais des clôtures sociales appropriées l'en empêchent. L'accès à la sexualité ne leur sera permis que quelques années plus tard. Dans l'intervalle, elle devra vivre comme une petite fille au corps de femme : ce statut ambigu suscite une peur des hommes, une fragilité d'autant accrue que la famille attache ou non de l'importance à la virginité.

La clandestinité imposée à la petite fille sur ses règles peut être perçue de deux façons. La première est celle d'une complicité avec la mère, le secret que le sexe féminin reçoit en partage, promotion, progression vers l'âge adulte. La seconde impute ce secret à la honte. Si l'on cache les règles, c'est qu'elles sont sales, et cette saleté s'étend à la fillette. Et la promotion se transforme en malédiction. La mère a deux façons de se taire. Par le silence total, plus fréquent qu'on ne le croit. Ou par ce qu'on pourrait appeler la ligne hygiéniste : ça saigne, on informe, on garnit. Mais on ne philosophe pas là-dessus. Si la mère refuse d'en parler ou le fait de façon très restrictive, s'il n'est pas même pensable de consulter le père, c'est qu'une petite fille porte en elle une tare. Il faut donc se taire sous peine d'être indécente, oublier les règles. Dans le décalage entre fait et silence, il sourd la douleur. Salie dans son être, la petite fille se cherche un autre statut, entre fillette et garçonnet, pour que personne ne soupçonne l'animalité en elle. En même temps monte en elle la révolte contre l'injustice d'une situation qu'elle subit sans pouvoir la modifier.

Anne, 28 ans.

Un souvenir me revient à propos des règles. Enfant, j'ai été très frappée par les traces que la chienne laissait périodiquement sur le parquet. Cela m'apparaissait comme le comble de la bestialité. Je pensais alors qu'il aurait fallu empêcher ça, lui mettre un tampon pour qu'on ne voie plus ce sang. Je ne pouvais pas m'empêcher d'associer ma mère à cette image. Ma mère qui comme la chienne saignait et que je méprisais pour se laisser dominer par mon père.

Bien que fille de médecin, j'ai été sevrée de toute information sexuelle. Ma mère ne m'a rien dit. Comme je ne lui avais moi-même rien demandé, elle avait fini par se persuader que j'avais ailleurs des sources d'information.

J'avais des règles irrégulières. A seize ans et demi, j'ai eu une première relation sexuelle et en même temps mes règles disparurent.
J'en parle à ma sœur aînée, folle de terreur à l'idée d'être
enceinte. Il n'en était rien. Pour oublier ces règles qui ne voulaient plus venir, j'ai pris la pilule qui me donnait l'illusion
d'avoir des règles ; j'étais alors en première. J'ai arrêté la pilule
quand j'avais vingt-trois ans, après l'avoir prise plus ou moins
régulièrement, ce qui me permettait de voir que mon aménorrhée
se poursuivait. Parallèlement, je maigrissais terriblement et
j'aimais l'image que les autres avaient de moi, image androgyne
que j'avais peur de perdre en devenant une femme, c'est-à-dire en
ayant mes règles. Seul mon père me disait : « Mais mange !
grossis ! »

Le silence de cette famille sur le sang des femmes était
absurdement transgressé par une chienne. Si seule une
bête pouvait montrer son sang, le statut de femme était
inacceptable. Anne n'a pas voulu l'accepter : si saigner
c'était être dominée par la nature d'abord, par l'homme
ensuite, il fallait trouver autre chose. Être un homme, ce
n'était pas possible, mais cesser d'être une femme qui
saigne c'était faisable : elle a débuté à seize ans une aménorrhée qui devait durer dix ans. La réhabilitation de la
féminité et partant des règles s'est faite par le biais du
désir d'enfant. Elle ne se trouvait plus dans la flatteuse
image de l'androgyne, mais dans un personnage qu'elle
n'acceptait pas, celui de la femme stérile. Trousseau, celui
qui a laissé son nom à un hôpital parisien, classait comme
un « être déclassé et anormal » toute femme qui n'avait
pas ses règles. Il disait au siècle dernier ce que beaucoup
pensent encore de nos jours. Car si le sang menstruel est
un désordre au sens où l'on intime aux femmes l'ordre de
le dissimuler, il n'en reste pas moins qu'il doit exister.
L'aménorrhée est un péché contre la fertilité, et la femme
qui se soustrait à ce devoir-là se le voit reprocher dure-
ment, on la soumet à divers traitements, on fait tant et si
bien qu'elle met toutes ses forces dans un combat contre

sa disgrâce qui n'est pas tant personnelle que sociale. Ce contrôle des naissances que chacune a si bien intériorisé s'exerce aussi de l'extérieur, l'État-père exige son tribut de toute femme.

Anne.

Dans l'esprit des gens, la stérilité est associée à la frigidité. C'est dans mon cas une association qui ne fonctionnait pas physiquement, je n'ai eu aucun problème d'ordre sexuel, c'est intellectuellement que je refusais ma féminité.

Pendant les différentes cures que j'ai pu faire, j'ai été frappée par les noms qu'on donne aux médicaments. J'ai même rêvé d'un inhibiteur de prolactine nommé « Parlodel », qui tout logiquement s'est transformé en « Parle d'elle », et c'est bien de moi qu'il s'agissait : être femme ou non, choisir mon sexe et aller au bout de mon désir d'enfant. Quand mes règles sont revenues, ce fut pour moi un émerveillement devant ce rythme naissant. Je jubilais comme une petite fille qui met des bas pour la première fois, dans le même plaisir d'éprouver sa féminité. Maintenant, j'essaie de tempérer, de banaliser mes règles, elles doivent faire partie de ma vie, être naturelles, je dois les considérer comme un fait acquis. Mais les règles sont une source d'épanouissement, je veux sentir qu'elles sont là. Je ne porte pas de tampons : je les trouve gênants physiquement, secs, desséchants. Pour moi, porter un tampon, c'est le conformisme dans la modernité. Le tampon empêche de voir couler le sang, de savoir si les règles sont ou non arrêtées et leur abondance réelle. J'y attache aussi l'idée qu'il est laid et qu'on l'enlève furtivement. Les serviettes traînent derrière elles une image médiévale, mais je les apprécie parce qu'elles me permettent mieux de savoir où j'en suis.

Je vis depuis plusieurs années avec quelqu'un et mon désir d'enfant a émergé de plus en plus fort. Mais l'ovulation étant liée à un poids correct, il a fallu que je décide de grossir ce qu'il fallait : perdre cette image androgyne, longiligne, mais y gagner peut-être un enfant. Alors je fais beaucoup de gymnastique pour accepter le changement de mon corps et éviter l'horreur de l'avachissement physique.

Le cas d'Anne est extrême ? Je le trouve exemplaire. Il souligne que le silence sur les règles peut être à l'origine de conséquences pathologiques. Se taire, c'est refuser à la fillette le plein exercice, la pleine jouissance de son corps féminin. Son sang, c'est sa force de vie. Occulter ce sang, c'est retourner contre elle cette force, c'est en faire un cancer qui la ronge sourdement. Il est profondément injuste de porter la charge physiologique de la reproduction de l'espèce et de devoir en outre en dissimuler les manifestations aux individus qui ne supportent pas cette charge.

La façon dont les mères passent le flambeau de la spécificité féminine à leur fille est un curieux cocktail fait de silence, de pudeurs, de demi-vérités. Ce qui touche au faire, comment résoudre matériellement la situation, est abordé incomplètement. Ce qui touche à l'être est complètement évité. Leur comportement est dicté aux petites filles davantage par ce qu'on leur tait que par ce qu'on leur dit.

Ève, 37 ans.

Il ne s'est jamais rien dit là-dessus à la maison. J'avais aperçu le linge de ma mère, séchant. Lorsque j'ai eu mes règles pour la première fois, elle ne m'a rien expliqué. J'ai cru jusqu'à quatorze ans au moins qu'on faisait les enfants en s'embrassant sur la bouche. C'était au Cambodge, dans les années cinquante. Elle m'a simplement donné la moitié de ses serviettes-éponges pour me garnir et m'a recommandé entre autres de ne pas me baigner. Le reste a été passé sous silence comme quelque chose d'inimportant. Ce qui demeurait, c'était l'idée d'une promotion : je passais dans le clan de ma mère mais dans le secret. Je lavais moi-même mes serviettes, c'était impensable autrement. Mes règles ont été un signe de féminité, mais pas du tout de sexualité. Il y avait un interdit sur la baignade mais en fait je ne me baignais que le second jour, parce que j'avais peur de laisser une trace de mon passage dans l'eau.

Personne n'a dit à Ève que les enfants se font d'un baiser sur la bouche. Ce qui est sûr, c'est que cette croyance partagée par beaucoup de fillettes leur vient de l'ignorance où elles sont tenues. L'interdiction totale de toucher un corps d'homme les tient à distance de la réalité qu'elles imaginent, faute de la connaître. On les veut «sérieuses» et pures, on les fait ignorantes. Si le baiser était permis, viendraient les caresses, puis l'acte sexuel. Il est donc préférable de leur interdire totalement l'accès au corps masculin, et par là même la connaissance du fonctionnement de leur propre corps, et de les priver durablement de leur autonomie.

Frédérique, 30 ans.

J'ai d'abord entendu parler des règles par des conversations d'enfants. A part ça, par personne de la famille. Je n'ai jamais su si ma mère avait ses règles, ni enfant, ni plus tard. Mes sœurs se sont débrouillées toutes seules, comme moi. On avait chacune pour soi des bouts de linge qu'on jetait. C'était de l'ordre du clandestin : ne rien montrer. Ma mère avait horreur qu'on parle de ça, horreur des Tampax. Ça n'existait tout simplement pas. Mes premières règles, il n'y a eu que la bonne arabe qui l'ait su (nous habitions à l'époque en Tunisie). C'était pourtant important. J'avais mal mais je ne me couchais pas. A Tunis, les filles en parlaient entre elles et ça m'énervait. Je prenais sur moi d'aller me baigner et j'avais d'autant plus mal. Je n'aimais pas avoir mes règles. Maintenant, je n'ai plus mal puisque je prends la pilule. Quand je suis arrivée en France, à dix-sept ans passés, chacune avait encore son endroit où ranger ses garnitures. Nous ne les mettions pas en commun. Entre-temps ma mère est devenue pharmacienne et ça a pris un côté fourniture, hygiène.

Clandestinité autrefois. Ostentation aujourd'hui. Et certes, en certains endroits, on peut maintenant montrer des garnitures périodiques : leur aspect marchand, «propre», hygiénique, conditionné, ordonne la réalité. Acheter, consommer, jeter. Rien là de plus qu'un processus très ordinaire. On peut aussi oublier la douleur. La contraception par pilule présente la double particularité de protéger une femme de la fertilité et de la douleur menstruelle. Les charges affective et biologique contenues dans l'angoisse de la menstruation ne sont pas assumées. Elles sont seulement contournées et repoussées un peu plus loin dans le silence et dans l'oubli.

Paule, 26 ans.

Le sang des femmes, je l'ai connu avant ma formation par ma mère. Pas ce qu'elle m'en a dit, puisqu'elle ne m'en a rien dit avant mes premières règles, mais ce qu'elle m'en a montré. Elle faisait bouillir son linge plein de sang dans une lessive à part. Cela avait une odeur particulière. Elle le montrait donc mais n'en disait rien. On devait faire comme si on ne le voyait pas. Mon frère en a gardé un grand dégoût du sang féminin et refuse de faire l'amour avec une femme qui a ses règles.

Quand j'ai eu mes règles à onze ans et que je me suis aperçue que ma culotte était tachée de sang, j'ai dit à ma mère que je m'étais égratignée et que ça saignait. Elle m'a répondu : « Tu es formée, tu es une jeune fille maintenant. » Elle m'a expliqué comment me garnir sans me dire comment mon corps fonctionnait et m'a ensuite expliqué qu'il ne fallait avoir aucun rapport sexuel avec un homme parce que sinon j'aurais des enfants. Elle m'a en somme fait croire que je risquais d'avoir des enfants en toute période sans m'expliquer que je serais féconde à certaines périodes seulement. Je me souviens de la sensation de mouillé, de la crainte d'avoir mes vêtements tachés, que ça se voit. Je ne savais pas fixer les serviettes, tout ça se baladait. Une fois sur la plage un de mes cousins m'a dit que mon vêtement était sali. J'en ai éprouvé une honte terrible. J'avais laissé voir aux autres mon intimité et le regard des autres s'en était emparé. Je me suis sentie très vulnérable : petite fille, je montrais un sang de femme et cela me rendait fragile dans la mesure où des regards d'hommes pouvaient me voir. Cette année-là je m'étais baignée contre l'avis de ma mère avec l'impression de braver un interdit, et cette histoire de tache venait à point nommé pour sanctionner cette transgression. Ça ne m'a pas empêchée de recommencer.

Quel avantage la formation, les règles, donneraient-elles sur l'état d'enfance ? Perdre ces jours-là jusqu'à l'envie de jouer. Ne pas pouvoir approcher, en contrepartie, les jeux sexuels sous peine de perdre cette pureté que, de toute façon, on sent avoir perdue en ayant ses règles. Avoir peur d'être un objet de répulsion pour les garçons en tachant ses vêtements. Certes, la petite fille ne peut guère se féliciter du changement qui s'est opéré en elle. Sa révolte tend à la négation des règles. Transgresser l'interdit de la baignade, c'est refuser de se croire différente, si être différente c'est être pestiférée. Une autre attitude accompagne la révolte, c'est celle de la régression, de la soumission à la douleur.

Paule.

Les règles, c'était le seul moment, un des rares, où ma mère me dorlotait : être au lit, dans la chaleur, avec un café. Seul moment de complicité qu'elle m'accordait, entre femmes. Je pouvais tranquillement régresser, même si tout cela reposait sur un malentendu. Les hommes de la maison me plaignaient de ma malédiction féminine et moi je me laissais aimer un peu. J'avais mal et on me permettait de me reposer, de manquer l'école et d'échapper aux tâches de la maison. Mon frère mettait la table ces jours-là, ce qu'il n'aurait jamais fait en temps ordinaire. Un jour, j'avais treize ans, un copain de vingt-six ans m'a emmenée, il m'a sortie de mon lit pour une promenade sur la falaise. Toute douleur oubliée, je me suis promenée. Ma famille m'a évidemment prise pour une simulatrice.

Il n'y a pas de simulation : Paule régressait au moment de ses règles parce qu'elle ne les acceptait pas. Être au lit, être dorlotée, c'était à nouveau un goût d'enfance. Ce que son ami lui proposait, c'était l'autre face des règles, celle où Paule devenait une femme qu'on emmène faire une promenade romantique. Elle délaissait donc un plaisir enfantin pour un plaisir adolescent.

On voit par les exemples qui précèdent que les parents sont fréquemment muets sur les règles. Il est frappant, à lire l'ouvrage de Leïla Sebbar, *On tue les petites filles*[1], que la presque totalité des fillettes dont elle rapporte la lamentable histoire soulignent que jamais leur mère ne les a informées de ce qui concernait leur formation. On ne peut d'ailleurs isoler le silence sur les règles d'autres silences familiaux, qu'ils soient ceux de l'autorité parentale indiscutable s'exerçant sur le moindre repli de la vie de l'enfant ou ceux de l'abus d'autorité du père allant jusqu'à l'inceste.

Mais le fait de dire, le fait d'expliquer le processus des règles change-t-il fondamentalement le rapport qu'ont les filles à leur sang ? On a fait de l'information la panacée contre la douleur par exemple. L'information devait produire des êtres libres, non complexés par leur corps. La douleur ne pouvait être que le fait de femmes ignorantes, dominées par d'antiques tabous, il semble que la réalité soit loin de ces schémas hygiénistes et scientistes.

Marie, 36 ans.

J'ai reçu une éducation libérale où les règles ne faisaient pas problème. J'ai su tout le processus de la naissance au moment où mon frère est né : j'avais trois ans. Quand j'ai eu mes règles, maman m'a prévenue : « Si tu as besoin de couches, tu les prends dans l'armoire. Si tu as besoin d'en acheter, tu peux y aller mais tu peux aussi me demander d'y aller. » Elle voulait ainsi m'éviter de demander des serviettes au milieu d'une pharmacie devant des adultes indifférents ou goguenards. La première fois, bien que je sois prévenue, il y a eu une énorme surprise. J'avais très mal au ventre et je me suis couchée. Au lieu de beau sang rouge, j'étais toute souillée par une sorte de caca marron. J'étais surprise, horriblement gênée. Si bien que ma mère qui s'était donné tant de mal pour que tout se passe bien se l'était donné pour rien. Elle

1. Leïla Sebbar, *On tue les petites filles*, Paris, Stock, 1979.

était vexée, elle a bien essayé de dire que la première fois c'est souvent comme ça, j'en ai gardé un mauvais souvenir.

Mon sentiment envers les règles se partageait entre la fierté d'être une femme et l'idée que c'était un secret qu'il fallait dissimuler. Les tampons ont pour moi révolu une époque dont je garde le plus mauvais souvenir : je perdais beaucoup de sang et les serviettes provoquaient des gerçures, de plus j'avais peur des taches, et ce harnachement me pesait beaucoup.

A l'âge de quatre ou cinq ans, quand ma mère m'avait expliqué que les petits frères ne pourraient jamais porter d'enfant, j'ai éprouvé beaucoup de pitié pour les hommes, mais cela ne m'a pas empêchée d'avoir mal toute mon adolescence.

L'information n'a pas modifié ici les deux facteurs que l'on trouve chez les fillettes non informées : la douleur pendant les règles et l'idée d'un secret que se partagent les femmes. La seule différence, importante et positive, est que Marie a été valorisée en tant que fille aux yeux de son frère. Ce sang qui avait des inconvénients, le harnachement, la douleur, avait aussi l'avantage de la procréation qui n'était pas présentée comme charge mais comme privilège. Le côté dérisoire et tendrement cocasse de ce témoignage sur l'enseignement d'une mère éclairée est qu'on ne peut pas planifier la vie. Ces règles qu'on attendait vermeilles se sont présentées sous la forme d'un sang repoussant : la leçon de choses était sévèrement corrigée par les faits.

Les filles font tôt l'apprentissage de la normalité de leur douleur. Les règles douloureuses font souvent partie de leur expérience. Les psychologues affirment que c'est parce qu'elles n'acceptent pas leur féminité, ce qui, convenons-en, les soulage beaucoup et les fait accéder du même coup à l'apprentissage plus subtil encore de la culpabilité. Les médecins de famille, lorsqu'ils sont consultés, prédisent que tout cela leur passera après le mariage, ou après la première maternité, ce qui leur apprend cette autre vertu, toute féminine, la patience.

Une fois l'information donnée au plan théorique, l'enfant ne peut manquer de vouloir aller plus loin. Or, une fois le livre refermé, la parole se fait gauche, puis se tarit. Et elle est à nouveau affrontée aux gestes silencieux, gestes qui dissimulent ce que l'on vient de s'efforcer de dire. Dans cette antinomie, la petite fille apprend à détester son sexe.

Rachel, 23 ans.

Je n'ai jamais vu ma mère ayant ses règles, mais il m'arrivait de trouver par hasard une culotte pleine de sang dans le panier à linge. C'était une image des règles sale et cachée.

Quand j'ai posé des questions sur les règles, ma mère, une psychologue, m'a flanqué un bouquin dans les mains et m'a parlé d'un ton technique et détaché. Son discours était de l'ordre de la technique, pas de l'ordre du réel. Elle a conclu sur : « Et quand ils font un bébé, ça leur fait très plaisir. » Cette phrase m'a choquée comme si plusieurs choses étaient mélangées. Aseptie, petites fleurs et plaisir, ça n'allait pas ensemble. Le plaisir n'apparaissait pas dans ce que ma mère m'avait dit des règles. Elle repoussait cette image d'elle-même, me refusant une information sexuelle, mais elle était coincée entre son discours technique de mère éclairée et sa gêne énorme d'avoir à me parler de ce sujet. Elle disait en parlant de l'amour : « Ça fait plaisir », mais jamais : « Ça me fait plaisir. » La réalité n'était pas là.

La première fois, j'ai fait comme si mes règles n'existaient pas. Ça a duré une journée entière. Le matin, j'ai mis mon pyjama plein de sang au sale. Quand ma mère a demandé qui l'avait mis là, j'ai désigné ma sœur. A l'école, j'ai passé ma journée à laver ma blouse qui se tachait d'heure en heure parce que je n'avais rien voulu emporter pour me protéger. Je ne voulais pas être une fille et encore moins une femme. Je n'ai rien aimé de ce qui trahissait en moi la femme, seins, poils pubiens. Les règles, bien qu'aujourd'hui je les admette, ne sont pas un plaisir pour moi, je m'en passerais volontiers et ça a été l'un des plaisirs de la grossesse que de ne plus les voir. J'ai toujours fait comme si je n'avais pas mes règles et j'ai été très étonnée qu'une amie ose une fois m'en parler pour me dire qu'elle ne pouvait pas se baigner, ce qui me paraissait absurde. Elle me raconta que, la première fois, ses règles avaient inondé le canapé d'amis de ses parents et quelle honte horrible elle en avait éprouvée.

Rachel ne comprend pas pourquoi il y a un interdit sur la baignade au moment des règles : son éducation taxe ce genre de croyances de superstitions de vieilles femmes. On peut se baigner, se laver les cheveux, manger de la glace, tout est possible. Tout sauf en parler réellement. L'amie de Rachel ne se baigne pas, elle peut en parler à une autre petite fille mais c'est pour exprimer la crainte que la baignade ne tarisse les règles et vienne ainsi punir une transgression. L'information vise à lever les interdits que les pédagogues jugent sans fondement et rend caduque toute une série de rites qui, tout en étant sans doute archaïques, assignaient une place à l'événement et, partant, aux petites filles. L'information n'a rien rendu de ce qu'elle a enlevé : tout est dit mais rien n'est montré, et ce qui se dit n'a aucune épaisseur affective. Le silence demeure. Une fois le processus biologique expliqué, la petite fille reste aussi désarmée face au mystère du sang qui s'écoule hors d'elle. La mère tente d'établir un lien entre règles, enfant et désir, mais elle ne veut pas s'impliquer dans cette trilogie et elle exclut par là même sa fille de l'histoire de son désir. Or, c'est la question même que pose la fillette. Et aussi, comment ce désagrément peut-il devenir un plaisir ? Mais comment le deviendrait-il si la mère déteste les règles au point de se faire violence pour en parler et instruire sa fille ? Les parents répugnent à faire état du désir entre eux — ce désir frondeur menace l'autorité qu'ils imposent à leurs enfants. Il semble également qu'ils aient peur que l'exemple de leur désir mutuel inspire à leurs enfants l'envie de les imiter trop tôt à leur gré. A douze ans, leur fille leur paraît trop jeune pour être instruite de toutes les conséquences qu'implique la venue des règles. Si elle dévoile la vérité sur son rapport aux règles, la mère aura en outre à soutenir le regard que son enfant posera sur ce qu'elle a fait de sa vie de femme, sur la place qu'elle s'est donnée aux plans sexuel, affectif et social.

L'information sexuelle à l'école, présentée comme le progrès des progrès, ne change pas grand-chose à la situation, du fait qu'elle est calquée sur le modèle parental : expliquer techniquement quelque chose qui ressortit à un rapport au monde, à l'affectif, au relationnel.

Anaïs, 14 ans.

En classe, on n'a jamais appris la reproduction humaine. C'est toujours en fin d'année qu'on doit l'aborder mais on n'a jamais le temps. On fait les animaux, les plantes, jamais les hommes. Alors on en parle entre nous, pour ceux qui ne savent pas.

Si on avait des cours pratiques sur la contraception à douze ans, il n'y aurait pas des nanas qui se retrouveraient enceintes à quatorze ans. Elles n'osent pas parler de ça avec leurs parents, et les copains, ce qu'ils en disent est déformé. Mais ça ne suffit pas : je connais une fille qui était très avertie, avec qui ses parents avaient beaucoup parlé. Et elle est tombée enceinte. Elle n'avait pas pris de précautions parce qu'elle pensait qu'à elle ça n'arriverait pas. C'étaient ses premières relations sexuelles et ça a été l'avortement.

Toujours ce décalage entre l'information et l'affectif. Cette « fille avertie » avait un rapport magique à la sexualité parce que la sainte « information » ne répond pas aux questions qui se posent sur les relations interpersonnelles et l'autonomie personnelle, sur ce qu'on doit porter en soi pour les résoudre sans abdiquer devant l'autre.

Si l'on demande aux femmes de décrire le processus lié aux règles, elles donnent les réponses les plus fantaisistes. Ayant dit, elles demandent à leur tour quel est ce processus. Neuf fois sur dix, elles s'exclament : « Mais, je le savais », et certaines ajoutent : « Je préfère ma version. » Cela m'évoque ma propre expérience de la grossesse. J'étais très informée du développement de la gestation, j'avais consulté médecins, croquis, articles, livres. Théoriquement, j'étais parfaitement au point. Seulement, voilà : mon questionnement sur l'enfant à venir, sur ma capacité à le concevoir viable de corps et d'esprit, sur l'angoisse de mort que sa naissance faisait monter en moi, était d'un tout autre ordre que technique. Il portait sur l'être, l'être de l'enfant et le mien, notre devenir, ma place dans l'espèce, ma force de vie en ce qu'elle devait ou non s'incarner. Je n'étais capable de fixer dans ma mémoire que le strict moment de la gestation où j'étais, avant et après n'existaient pas. N'importe quel technicien de l'information médicale est à même de donner une foule de détails sur l'accouchement, plus vrais les uns que les autres, aucun ne pourra se mettre sur la table et accoucher à votre place. On affronte cela toute seule. Comme la mort. C'est peut-être ce fait devant lequel se dérobe la raison, et l'époque n'aide pas les femmes car elle vassalise l'esprit à force de donner des assurances de toute sorte.

Angélique, 20 ans.

Les règles, comme nous étions quatre femmes à la maison, ça faisait partie de la vie. Dans la salle de bains, il y avait en évidence des paquets de serviettes, au même titre que du savon, du coton ou autre. Je n'ai jamais entendu mon père faire une allusion aux règles, sauf si l'une d'entre nous devait consulter un médecin à cause de ça. Nous disions : « Je suis fatiguée », et tout le monde savait qu'on avait nos règles.

J'ai eu mes premières règles à douze ans, ce que j'ai trouvé tardif. Pourtant j'aurais bien aimé être un garçon, on m'appelait le garçon manqué ; j'étais très grande, j'aimais bien me bagarrer avec les garçons. Je ne me différenciais d'eux ni par la taille, ni par la force, ni par les capacités intellectuelles. Grâce à mes sœurs, j'ai toujours su ce qu'étaient les règles mais sans le réaliser vraiment. Ça a été pour moi une révélation : j'ai eu envie de le dire à tout le monde. Je n'ai éprouvé aucun besoin de le dire à mon père, à des hommes, mais à ma mère, à mes sœurs. J'étais maintenant parmi elles. Je n'ai jamais éprouvé de dégoût pour mon sang. Je n'ai jamais eu mal. Mais ça me gênait au point de

vue de la commodité, porter des serviettes. Il n'y a que cette
année où j'ai réussi à mettre des tampons sans que ça me brûle.
Mais mes sœurs en mettaient, pas de raison pour que je n'en
mette pas, bien que ma grand-mère ne les trouve pas sains parce
qu'ils sont à l'intérieur. Ce n'est pas commode de porter des serviettes hygiéniques, de les trimbaler dans son sac. Les tampons,
c'est plus pratique, on les fait disparaître plus facilement, y compris dans les toilettes.

Maman n'a jamais eu de complexes, elle s'est toujours montrée
nue devant nous et quand elle avait ses règles, forcément, on le
savait, ça faisait partie de la vie. En ce qui concerne ma belle-
mère (mes parents sont séparés), c'était différent, il y avait une
séparation, une porte fermée ou non à clé, je ne le sais pas, et
l'écart s'est creusé petit à petit. Mes sœurs ne montraient pas spécialement qu'elles avaient leurs règles, sauf M., qui fermait la
porte de la salle de bains à clé. J'aurais tendance à faire la même
chose. Je pense que si quelqu'un entre et voit du sang sur une serviette, ce ne lui est pas un spectacle agréable et je ne veux pas le
lui imposer. Je ne veux pas montrer concrètement que j'ai mes
règles. Ce n'est pas beau une serviette tachée. Je ne le montre pas,
comme une politesse que je dois aux autres, hommes ou femmes.

Chez Angélique, par chance les règles font partie de la
vie. Les avoir est une promotion, d'où le désir d'en parler,
mais seulement aux femmes de la famille. Les hommes
sont exclus de cette métamorphose. A eux, on taira l'événement. A eux, on dit : « Je suis fatiguée. » Aux femmes
on pourra dire : « J'ai mes règles. » Le silence n'est rompu
que s'il y a douleur. On peut manifester qu'on a ses règles
en se couchant, en traînant une mine de papier mâché —
augmentant d'autant le sentiment vague de commisération
ou de culpabilité chez les hommes de l'entourage —, mais
il ne saurait être question de laisser des traces derrière soi
qui montreraient la chose concrètement. « Ça fait aussi
partie de la vie » que de vivre cet instant en secret. Tout
objet sanglant oublié est une agression pour celui qui le
découvre. Angélique parle de politesse à l'égard des
autres, il y a davantage : il y a de la peur.

Simultanément, les filles sont soumises à une surveillance familiale : leurs parents traitent leurs frères différemment d'elles. Ils mettent leur fille hors de la portée des hommes, ils la «protègent» par un réseau vigilant qui la ramène vers l'intérieur, vers l'enfermement. Les garçons sont au contraire engagés à aller vers l'extérieur, à vivre des expériences. Ils sont absous d'avance de faire perdre à quelqu'un la virginité que l'on défend si farouchement chez leur sœur, qu'ils demanderont sans doute à leur femme d'avoir préservée.

> *Ève.*
>
> Quand mon frère a eu dix-huit ans, ma mère n'a pas approuvé qu'il fréquente quelqu'un qui ne lui plaisait pas à elle. Elle a laissé entendre qu'il n'aurait aucune responsabilité si elle tombait enceinte. Là-dessus, je lui ai fait remarquer que sa propre fille était face à des hommes éduqués comme son fils et j'ai fait à mon frère un cours de contraception au scandale de la famille assemblée. Toujours : « Mes coqs sont lâchés, gardez vos poules » !

A cette vision de la virginité archaïque correspond une vision «moderne» où la virginité est minimisée. Les garçons la définissent comme une gêne : être le premier, c'est être responsable, or ils ne veulent pas qu'une relation, cantonnée dès l'abord à la sexualité, soit importante. Les filles en sont donc encombrées, à telle enseigne qu'il arrive maintenant, aux États-Unis notamment, que les médecins procèdent à la perforation artificielle de l'hymen. Cependant, une fois écarté l'obstacle physique, il reste le plus difficile à accomplir, et c'est le passage à l'acte et ses conséquences psychiques. Les filles demandent là une relation forte, intense même si elle n'est pas destinée à durer. Les garçons refusent ce qu'ils considèrent comme une mainmise sur eux et minimisent la relation. Ils sont ainsi conduits à redouter d'endosser la responsabilité de l'initiation sexuelle. Il est décidément difficile de devenir des personnes à part entière pour les femmes, fussent-elles désireuses de se «libérer».

La polémique autour de la virginité s'est trouvée relancée par le port des tampons périodiques par les toutes jeunes filles. Anaïs, 14 ans, remet les choses en place : «Ce sont les gens qui comptent.»

Anaïs.

Quand j'ai eu mes règles, ça a été comme un fait accompli, autour de moi, ils m'ont acceptée comme j'étais. Je ne me cache pas. Mes tampons sont sur une étagère dans ma chambre. Et si des garçons viennent dans ma chambre, ils resteront là où ils sont. J'avais essayé d'en porter au début mais je les mettais mal alors j'ai remis des serviettes. Maman m'avait expliqué pour les tampons, mais ça n'avait pas suffi. J'ai des copines, leurs parents n'ont pas voulu qu'elles mettent des tampons parce que après elles ne seraient plus vierges. Quand j'ai pu porter des tampons j'en ai prêté à ma copine F., et elle a essayé. Après, sa mère était devant le fait accompli. Pour moi, la virginité ça se perd n'importe comment, les danseuses, quand elles font le grand écart, elles risquent de se déchirer l'hymen, alors... Ce sont les gens qui comptent.

Anaïs vit dans un milieu très ouvert, elle est bien dans sa peau de fille, mais elle ne peut que constater que, dans son lycée, ce sont les filles, et exclusivement elles, qui font l'objet d'une surveillance sexuelle. Les questions que cette adolescente se posent resteront d'actualité pour la femme faite : la peur d'avoir des enfants qu'elle ne désirerait pas, la peur de rapports sexuels imposés, la peur de l'expérience qui ne concernerait que le corps et ne reconnaîtrait pas la personne dans sa totalité : ces peurs ne sont pas chez elle la fascination impuissante de la victime désignée d'avance à se soumettre. Anaïs ne mélange rien, elle sait déjà la latence du désir, elle en soupçonne les pièges, elle se défend d'elle-même et des autres avec humour et s'essaie déjà à l'autonomie.

Anaïs.

C'est ma mère qui m'a parlé des règles en premier. Elle ne se cache pas quand elle les a et j'ai toujours pu l'interroger. Mais quand j'ai vu vraiment du sang pour la première fois, j'ai eu peur. Je n'aime pas voir du sang, ça me donne mal au cœur, si c'est une plaie sur moi, j'ai peur que ça ne se rebouche pas, que ça continue à couler, que je perde mes forces. Mais les règles, ça n'a rien à voir. Je trouve que c'est un signe de bonne santé quand elles arrivent et donc je les attends. Elles ne m'ont jamais fait mal, peut-être parce qu'on m'avait dit les choses avant. J'aime bien être une femme. Quand c'est arrivé, vers Noël, j'avais onze ans et demi et j'étais toute seule à la maison. J'ai téléphoné à maman. Je lui ai dit : « Devine ce qui m'arrive ? » Elle a fait semblant de ne pas savoir. Elle m'a demandé si tout allait bien. Le soir, quand elle est rentrée, elle était contente, on a fait la fête et on a bu du champagne. J'étais la première avant mes copines à les avoir. Ma famille s'est beaucoup moquée de moi, de mes poils qui poussaient ou de mes seins, et qu'un serait plus petit que l'autre, ça m'énervait mais j'aimais aussi me voir changer.

Les garçons de ma classe me semblent plus gamins que moi. J'ai quatorze ans mais si je veux comparer, c'est plutôt vers des garçons de troisième, de seconde que je regarde. Maintenant, ça me manque de ne pas avoir de copains de cet âge-là.

Une fois, ça a gueulé pour une de mes copines. Ça lui est arrivé en cours. Ça lui dégoulinait le long des jambes. Elle avait dit : « Madame, je peux sortir ? » La prof avait répondu : « Non, tu ne sortiras pas. » Deux fois. Après, c'est arrivé et elle a pu sortir. La prof s'est excusée mais c'était trop tard : il faudrait leur faire des dessins ! Une autre fois, c'est arrivé à une petite sixième de onze ans. Sa jupe blanche était toute tachée. Elle a demandé à rentrer chez elle pour se changer et le proviseur a refusé parce qu'elle était demi-pensionnaire. On ne lui a pas donné d'habit de rechange. Elle n'a même pas pu rester en classe. On l'a laissée pleurer dans la cour.

Les filles, si elles viennent en short l'été au lycée, on les appelle dans le bureau du directeur. Les garçons, non. On surveille plus la tenue des filles, on ne veut pas qu'elles soient dos nu.

Quand j'ai eu mes premières règles, je ne me suis pas vraiment sentie différente, mais avoir ses règles c'est devenir un peu femme, pouvoir avoir des enfants. Dans ce sens-là, j'ai eu un peu peur des garçons dans la rue, peur du viol, et d'être enceinte

après. J'ai repéré des satyres autour de mon école. Un bonhomme
a pincé la hanche de ma copine, ça l'a fait sauter en l'air. Il lui a
dit : « Ça va, ma cocotte ? » Il a soulevé son grand pull-over et
dessous évidemment il était débraillé. On a piqué un cent mètres.
Une autre fois, il y en a un qui faisait semblant de pisser contre
un mur et il s'est retourné. Alors là on lui a rigolé au nez et il est
remonté sur son vélo, très vexé. Finalement on les a tous repérés
et on les ignore. On arrête la conversation le temps de dire
« tiens » et on continue. Ça arrive quand même plusieurs fois
dans l'année. Il y en a qui se cachent derrière un journal puis ils
le soulèvent et ils n'ont rien en dessous. Il y en a un qui a jeté des
photos pornos à la gueule d'une copine puis il l'a poursuivie en
voiture. Mais ils ne me font pas peur, ils ne sont pas méchants.
Je me méfie un peu des garçons. Les filles de quatorze ans, elles
flirtent, moi pas, ça ne m'intéresse pas. Il y a des filles qui flirtent
pour faire partie de la bande, pour être invitées aux surboums.
Elles tombent enceintes, elles ne croient jamais que ça va leur
arriver à elles. Moi, je ne voudrais pas faire ça à la sauvette, ne
pas faire ça pour le corps à corps, l'expérience, et ne plus se
connaître le lendemain.

Certaines femmes aiment à avoir leurs règles. D'autres
préfèrent les ignorer. Elles se sentent mises en cause par
une situation qui les dépasse. Elles perçoivent les règles
comme leur talon d'Achille, un phénomène qui se produit
malgré elles, peut se transformer en critère de jugement
contre elles, et peut muer un individu responsable en un
objet dominé par une fatalité. Combien de fois entend-on
attribuer la mauvaise humeur d'un moment aux règles.
Souvent l'entourage des jeunes filles se permet cette observation devant témoins. La femme, la jeune fille sont ainsi
décrites comme le jouet de leurs variations hormonales. La
lucidité, l'agressivité, la colère, les situations de tension
sont ainsi mises sous le boisseau. La remise en cause du
milieu familial ou conjugal est niée et imputée à un agent
intérieur/extérieur dont la femme ne serait pas responsable.

Un procès vient de réactualiser ce vieux débat femme

responsable/irresponsable pendant la période de menstruation [1]. Le tribunal de Norwich, au Royaume-Uni, a reconnu Christine English, 30 ans, non coupable d'avoir écrasé son ami dans un accès de jalousie, « attendu [...] qu'elle était atteinte du syndrome prémenstruel, elle n'avait pas toute sa raison au moment des faits ». Elle a été privée, pour ce meurtre, de son permis de conduire pendant un an. Une autre affaire, également jugée au Royaume-Uni, a été tranchée dans le même sens. Éviter la prison un sport que je pratiquerais sûrement si j'avais affaire à la justice, et plaider l'irresponsabilité fait partie de la panoplie. Que des femmes l'invoquent individuellement est donc leur affaire. Mais que des juges reprennent à leur compte l'argument de l'irresponsabilité liée à la fatalité de la « nature féminine » est plus inquiétant. Le vieil argument macho-centriste de saint Augustin *(« tota mulier in utero »)* fait encore recette. Encore une fois, les règles mettent en évidence des climats affectifs déjà existants, parce que, en effet, les femmes sont à ce moment-là dans un état émotionnel plus réceptif. En aucun cas, les règles ne créent à elles seules ces climats. Prétexter des règles pour dénier à une femme une responsabilité réelle est inacceptable. Pourquoi ce moment-là plus ou moins que celui de la grossesse, ou de l'ovulation, ou encore de la ménopause ? Pouvoir agir en tant que personne responsable, majeure, a pris quelques siècles mais les mentalités des hommes et des femmes évoluent lentement. Les règles ont conservé dans les esprits le rôle de soupapes des tensions de groupe. Grâce à elles sont évacués des conflits qui seraient, sans ce prétexte, porteurs de ruptures.

C'est au moment des règles qu'une femme peut faire état de sa fatigue. C'est à ce moment-là qu'elle peut poser son double ou triple fardeau, mari, travail, enfants. Elle

1. In *le Point*, n° 487, 18 janvier 1982.

s'autorise à « s'écouter », à se faire aider de plus près, à négliger, ou plutôt à faire attendre, des tâches qu'en d'autres temps elle se sent tenue de remplir sans délai. Cette attitude réveille la culpabilité, vite assoupie en temps ordinaire, du mari et des enfants. Tous se transforment en intérimaires zélés — comme au moment de l'accouchement — pourvu là aussi que ce temps de « vacance » ne soit pas trop long et ne remette pas en cause le fonctionnement habituel attribuant à la mère, à la femme, l'entière responsabilité de la marche de la maison et de la pérennité de la structure. Là est dévolue aux règles la fonction d'établir une pause dans le quotidien et ses servitudes. Ce qui était décrit comme sources d'infériorisation, sautes d'humeur, fatigue, est transformé en source de domination domestique rampante, et les femmes peuvent faire ce qu'elles ne se permettent pas d'habitude sans remettre en cause la place qu'on leur a fixée.

Une des caractéristiques des règles, décrite elle aussi comme source d'infériorisation et très mal maîtrisée par les femmes, est l'odeur spécifique des menstrues. On peut dissimuler un objet taché, il est plus difficile de masquer une odeur. Cette phobie poursuit de nombreuses femmes. C'est ce qui explique le succès des déodorants féminins et aussi en partie celui du tampon qui permet de garder le double secret de la souillure et de l'odeur. Si l'on interroge les femmes sur l'odeur des autres femmes qui leur sont proches, elles disent n'en être pas frappées, sauf exception. En revanche, elles ont elles-mêmes le sentiment d'exhaler une forte odeur que personne ne peut manquer de remarquer. Les comportements vis-à-vis des odeurs sont très strictement codifiés, code non écrit et pourtant observé très rigoureusement par la plupart des gens.

Les odeurs humaines font l'objet d'un dégoût de plus en plus marqué et sont véritablement bannies des relations sociales et, dans bien des cas, des relations plus intimes, y

compris sexuelles. L'odeur des règles ne manque pas
d'obéir à cette loi. Faire savoir à l'autre qu'on a ses règles
en laissant passer le message olfactif très particulier affé-
rent à cette période, c'est pour beaucoup de femmes et
d'hommes une indécence. Savoir, c'est peut-être être
concerné, devoir se comporter de telle ou telle façon.
Ignorer est préférable, car être témoin par effraction d'un
moment tabou, c'est être complice d'une situation impossible à maîtriser. L'odeur naturelle est donc reléguée au
secret, c'est la face silencieuse de chacune, part d'ombre
qu'elle ne doit pas livrer sous peine d'être vulnérable,
indécente, inesthétique.

> *Rachel.*
> Jamais je n'ai senti cette odeur de sang sur ma mère, mais moi, il
> me semblait qu'on pouvait me sentir à des kilomètres et je haïs-
> sais cet état.

> *Marie.*
> L'odeur des règles me plaisait, elle me plaît encore maintenant.
> Et c'est à tel point que si je ne voyais personne à ce moment-là, je
> me changerais deux fois moins, rien que pour mieux la sentir.

Deux femmes, deux attitudes radicalement opposées :
l'une aime et accepte son corps, et l'autre pas. Néanmoins,
malgré le plaisir que Marie aurait à laisser son corps en
liberté, elle est obligée de se conformer aux critères de
jugement sociaux dominants et de faire disparaître l'odeur
qui trahirait son état, tandis que tout encourage Rachel à
dissimuler complètement ses règles, ce qu'elle fait avec
infiniment de haine contre elle-même et contre les autres.

Cette idée subjective/objective de l'odeur des règles
amène à se demander si tous les phénomènes accompa-
gnant les règles sont des croyances ou des faits avérés.

Marie.

Je n'ai jamais voulu croire que l'humeur des femmes soit modifiée en rien par les règles jusqu'à ce que j'aie une amie qui pleurait très exactement la veille de ses règles.

Ève.

Nous avons fait l'observation suivante. Nous étions cinq femmes à travailler dans une grande diversité de tâches dans le même bureau, et cela plusieurs années durant. Nous avons constaté que les cinq femmes avaient peu à peu harmonisé leur cycle menstruel jusqu'à le faire coïncider. Cela prenait environ six mois à une nouvelle venue pour arriver au même cycle.

Les règles obéissent, malgré le culturel, et sous son masque parfois, à des lois que les sociétés anciennes ont tenté de formuler dans les termes propres à leur vision du monde. Les Modernes jettent le bébé et l'eau du bain, faute de vouloir recueillir le côté positif de l'héritage, parce que leur vision du monde est de dominer la vie sans vouloir utiliser sa force dans le sens où elle va. Détenteurs, ou peu s'en faut, du monopole de l'information sur le corps, les médecins voudraient que les femmes « informées » par leurs soins ne souffrent plus en ayant leurs règles. Aux plaintes qui persistent à s'élever, ils répondent en invoquant la psychosomatique, et en écartant les fondements physiologiques de la douleur. Or, certaines femmes souffrent avant et pendant les règles, bien qu'elles soient parfaitement informées, et il se trouve que des études récentes démontrent que les règles douloureuses sont provoquées par des hormones en excès dans le sang et dans l'utérus : les prostaglandines. En neutralisant cet excès hormonal par des médicaments inhibiteurs, on neutralise du même coup la souffrance. Ces médicaments, largement utilisés en Scandinavie et aux États-Unis, sont encore peu connus en France. Certes, le fait que cette douleur prémenstruelle aient des racines réelles ne clôt pas le débat sur les interactions du psychique et du physiologique mais cela vient à point nommé pour endiguer le flux obscurantiste « psy ». La douleur prémenstruelle est une réalité pour 77 % des femmes, selon une étude réalisée par la Sofres pour la section parisienne de l'International Health Foundation de Genève auprès de 2 501 femmes de 15 à 50 ans [1]. Le phénomène plus diffus de l'instabilité émotionnelle toucherait 47 % des femmes interrogées.

Il n'en demeure pas moins que le sang menstruel est au plan biologique une véritable énigme. Pesant en tout une centaine de grammes, il s'oxyde à l'air, est incoagulable, est riche en calcium, lécithine, potassium, phosphore, prostaglandines (que l'on pensait spécifiques aux hommes). Il a des propriétés dérangeantes : les « ménotoxines » qu'il contient peuvent causer la mort de rats à qui on les injecterait, et ces ménotoxines peuvent transmettre certaines maladies du sang. Des chercheurs ont mis en évidence l'influence des « émanations » menstruelles sur les fleurs et dans la pratique culinaire. Il reste qu'il est difficile, dans ce domaine surchargé de connotations socioculturelles, de séparer l'idéologique du fait avéré. Il arrive fréquemment que l'expérience d'une femme se heurte au fait que les médecins n'aient pas élaboré de loi sur son symptôme. Celui-ci est alors rejeté dans les chimères de femmes et rangé bien proprement dans le placard de la psychosomatique.

Anne.

J'ai remarqué que je rougis davantage au moment des règles. C'est lié sans doute à l'absence de progestérone. Et je trouve drôle que ce soit précisément à ce moment-là que le sang vous monte au visage.

---

1. In *le Point*, n° 487, 18 janvier 1982.

Beaucoup de femmes se sont sans doute fait la même réflexion. Anne remarque avec pertinence que ce qu'on cache en bas, le sang, remonte au visage par un rougissement incoercible. Le médecin en elle diagnostique : « chute de progestérone », mais la femme n'est pas dupe : les règles s'accompagnent de phénomènes mettant en lumière des faiblesses qu'ordinairement on maîtrise. La situation préexiste et ce moment plus vulnérable la révèle. Les autres, à qui on assigne tant bien que mal une place en temps ordinaire, deviennent brusquement plus présents, plus menaçants parce qu'une émotivité plus aiguisée biaise les relations. Il devient plus difficile de dissimuler le trouble, les questions que les autres suscitent en soi-même.

Chacune vit à sa façon les lois non écrites régissant les règles. Qu'on les récuse ou s'y conforme, cette codification s'imprime dans les esprits et dans les corps. La loi se cristallise dans le mot lui-même.

Frédérique.

Je trouve que ce mot *règles* est terrible, il évoque la loi, la règle à laquelle il faut se plier. Mon attitude à moi a toujours été de faire comme si j'étais au-dessus de ça, de mépriser. Et là, je crois que j'imite, sur un mode qui m'est particulier, ma famille, ma mère qui n'en parle jamais, ma grand-mère.

Bien des femmes ne parlent pas de leurs règles, elles « méprisent » cet aspect-là d'elles-mêmes parce qu'elles renient leur propre corps. L'anticonformisme consiste ici à nier qu'on est une femme. Les ressorts du comportement ne sont plus ceux de la mère ou de la grand-mère : la pudeur, la malédiction... Ce sont ceux du progrès. Une femme moderne ne doit pas s'embarrasser d'une loi physiologique qui, pour fonctionner encore, n'en est pas moins désuète, rétrograde, inadaptée aux conditions de vie actuelles : travail, sexe, productivité maximale. Le sang ne peut être totalement effacé mais ce n'est qu'une question de temps, les scientifiques trouveront bien un moyen de le faire disparaître. Déjà, la pilule, en amoindrissant notablement le flux menstruel, vient renforcer l'occultation d'un phénomène lié à la fécondité. En attendant «mieux», le sang est strictement tenu au mépris. L'illusion est complète, la femme n'habite plus un corps de femme mais un corps masculin/féminin. Il n'y a plus rien à transgresser : les règles n'existent plus comme indice de fertilité.

Règles, le mot est en effet difficile à admettre, il évoque la Loi et l'Ordre à une époque où à la fois on les subit dans la sphère sociale et où on les récuse dans le domaine biologique. Les recherches en génétique autorisent à penser qu'on pliera le corps humain aux exigences de l'organisation sociale, à l'esprit de quantification. Je pense que cette règle de fer fait encore un utile partage entre les sexes, c'est précisément la dernière borne avant l'assimilation totale des femmes aux critères masculins. Le corps masculin s'est dans nos sociétés entièrement voué à la production. C'est sur ces traces que sont engagées les femmes. Non seulement une femme continue de subir des pressions pour assurer la reproduction de l'espèce, mais il faut encore qu'elle reste à la double disposition du sexe et de la production. Quand elle n'est pas explicitement femme par le désir d'un homme, par la grossesse, son statut est celui de l'eunuque productif. Joli progrès que celui qui l'aligne sur l'aliénation masculine du produire. Il ne s'agit pas de faire de la femme la dernière représentante de l'état de nature. Il est évident qu'elle est, jusque dans des manifestations telles que la grossesse et les règles, pétrie de références culturelles. Il s'agit davantage de réfléchir sur le fait que ces manifestations naturelles du fonctionnement du corps humain sont des armes contre l'investissement total du corps par l'emprise de la production, de l'autogestion des biens, des corps, des esprits.

Rachel.

L'idée que le sexe de la femme est plus proche de la nature que celui de l'homme répond à un fantasme masculin. Je ne le ressens ni ne l'accepte. Ce que je refusais dans les règles, c'était la féminité dans sa preuve la plus forte et la plus tangible. C'était lié au sentiment, que j'ai dépassé maintenant, que c'était lié à l'infériorité des femmes, à leur faiblesse, à leur vulnérabilité. Les règles m'ont toujours été présentées par les femmes elles-mêmes comme une servitude du même ordre que la fatalité de la douleur de l'accouchement. Sceaux physiques de notre infériorité.

Je n'avais jamais mal autrefois. J'effaçais jusqu'à l'existence des règles. Curieusement, maintenant que j'y fais attention, je sens mon corps ; j'ai un peu mal. Mais je veux que les choses se déroulent toutes seules. Les règles me donnent un rapport au temps différent, elles me rappellent chaque fois le temps qui s'écoule. J'ai du chemin à faire pour accepter totalement mes règles. Il y a un plus gros travail encore à faire pour parler des règles en d'autres termes que ceux qu'on entend habituellement. Mais un fait est certain, c'est que supprimer les règles, c'est supprimer les femmes. Il me semblait autrefois que d'effacer les signes de ma féminité me faisait ressembler aux hommes. Ma démarche actuelle est de m'accepter comme femme, de privilégier ma différence et de la faire accepter par eux.

La sexualité des femmes pendant leurs règles se conjugue de mille façons possibles entre deux extrêmes dont le point de jonction est de ne pas s'interroger sur leur histoire individuelle pour adopter un comportement, mais d'en décider selon des critères essentiellement socioculturels, masculins. A un extrême, on postule que faire l'amour pendant les règles c'est révéler dans sa crudité un fait que les hommes ne trouveront ni beau ni « féminin » : le sang et sa violence, et qu'il faut donc cacher cet aspect agressif de la féminité, en oubliant que privilégier les aspects que l'homme trouve séduisants au détriment de ceux qu'il veut ignorer, c'est risquer de se perdre soi-même. Ce qu'on croit privilégier, une image pure de la femme, trouve sa négation en son envers caché et pressenti par lui et par elle comme un double d'impureté. A l'autre extrême se trouve l'attitude radicalement opposée qui consiste à faire de l'amour pendant les règles un critère de jugement pour décider du degré de libération d'un homme. Dans un cas, on trouve la détestation d'un sexe par lui-même, dans l'autre la tentation de forcer une répulsion en transférant sa propre interrogation sur l'autre sans vouloir prendre en compte le fait qu'une telle répulsion ne puise pas toutes ses sources dans la misogynie ou le conformisme.

Les règles ne sont pas « féminines » au sens précisément où une femme ne peut présenter à autrui cette image-là d'elle-même parce qu'elle ne renvoie à aucune autre référence que féminine. Elle doit être « véritablement » femme en cachant la vérité sur sa féminité qui comporte inévitablement ce saignement périodique. Le décalage entre l'image de la femme idéale et la réalité des règles pose un problème d'identité aux jeunes filles. Elles essaient désespérément de coller à un modèle pour être aimées dans une certaine image de la féminité. Elles se mettent sans cesse à la place de l'autre, c'est-à-dire de l'homme, et sous ce regard se sentent menacées d'apparaître comme impures. Elles arrivent à cette constatation étonnante : les règles, le sang, ce n'est pas féminin. Le désir d'être idéale est sans cesse contrecarré par la réalité : la jambe qu'on voudrait lisse comme du marbre développe une pilosité envahissante ; la vulve qu'on voudrait parfaite et consacrée à la sexualité saigne pour rappeler qu'elle est aussi un lieu de fécondité. Bref, la réalité fait sans cesse redescendre la jeune fille de son piédestal. En fait, ces manifestations du corps la rappellent à la vie, l'empêchent de mourir à son être, de se confondre tout à fait avec l'homme en devenant opaque à sa propre spécificité. Il se trouve bien opportunément que le corps parle, sue, saigne, bref, qu'il fonctionne. La jeune fille doit concilier l'image de la pureté et ce qui se présente comme son contraire. Le corps sans cesse maté, réduit au silence, impose quand même son fonctionnement, et il faut bien lui faire une petite place sous peine de dislocation. Le silence qu'impose une femme à son corps trouve son répondant intellectuel dans la malléabilité qu'elle montre à épouser les contours de l'esprit masculin, l'apparente communion de bien des couples n'est que soumission de la femme à une domination. Et après avoir induit cette soumission, les hommes la baptisent duplicité, alors qu'elle n'est que recherche désespérée d'échange à travers une vérité qui n'appartient qu'à l'homme. Dans ces conditions, le simple fait d'accepter les règles, de pouvoir imposer leur existence par différents moyens non coercitifs à l'égard de l'homme — qui peuvent varier selon les situations : faire ou ne pas faire l'amour, faire état de ses règles, montrer un paquet de tampons, etc. —, est un geste d'une portée plus importante que la simple provocation. C'est déjà poser l'existence d'un corps différent, et au-delà poser l'existence de désirs différents. Si l'on cache à l'autre une réalité aussi incontournable que celle des règles, que lui cache-t-on et que se cache-t-on à soi-même de ses propres désirs ? Dans leur aspiration à avoir une relation profonde avec un homme, les femmes trop souvent encore tendent à se confondre avec lui. Sous-jacente à cette attitude, il y a la conviction que tout désir légitime provient de l'homme, qu'un désir exprimé par une femme la rend vulnérable, révèle d'elle-même un aspect qui peut-être ne correspond pas à l'image que l'homme se fait d'elle et la condamne à être perçue comme stupide, animale, lascive, possessive, etc. Ainsi la légitimité masculine se trouve-t-elle renforcée par ses victimes elles-mêmes.

Angélique.
J'ai fait l'amour pour la première fois il y a quelques jours et je ne me sentais pas capable de faire l'amour, pour une question de

propreté. J.-P. a accepté et m'a dit : « Moi aussi, je sais apprécier d'être sur un autre plan. » Je n'aime pas l'idée que les draps risquent d'être salis, et à la fois j'aurais envie de faire l'amour. C'est par rapport à lui que ça me gêne, je me mets à sa place et j'ai peur que ça ne lui plaise pas. En plus, sans contraception, entre les règles et l'ovulation, il ne me reste pas grand temps où je puisse vivre tranquillement ma sexualité. Il me semble que faire l'amour en ayant ses règles, ce serait moins harmonieux. Le sang me gênerait, changerait le rapport avec lui. Dans ma tête il n'y a pas l'idée de tabou, ni de souillure, j'ai peut-être davantage l'impression que mes règles n'ont rien à faire avec lui, même si j'ai à ce moment-là du désir pour lui, je n'ai pas à le manifester. Je ne me sens pas de mon époque, pour ça. Je ne veux pas qu'il me voie sous cet aspect-là, je trouve que ce n'est pas féminin. Le sang, ce n'est pas féminin : je vois la femme toute douceur, et le sang c'est quelque chose de violent, de fort, qui sort là. Ça ne correspond pas à l'idée que je me fais d'une femme. Ça manque d'harmonie, je ne veux pas donner cette image de moi. De la même façon, je suis assez complexée d'être poilue, je ne supporte pas les poils sur les jambes et à côté du triangle pubien, je ne trouve pas ça féminin et je ne les trouve pas à leur place. Je les fais disparaître au lait dépilatoire : au bout de deux jours c'est à refaire et je deviens folle.

Je sens les règles comme une contrainte. Si on pouvait les supprimer mais en pouvant quand même faire des enfants, ce serait volontiers.

Angélique refuse par anticipation le jugement porté sur elle par un homme. Elle se soumet au préjugé qui veut qu'une femme se manifeste dans des champs que l'homme peut s'approprier : soit rester éternellement figée dans l'image de l'objet sexuel, soit produire des enfants. Les règles sont un phénomène incompatible avec l'idée d'appropriation, ce moment se dérobe à l'homme, il est irréductible à la seule sexualité. Cette propension masculine à nier ou à s'approprier les moments spécifiques aux femmes, ceux qui ne regardent pas *stricto sensu* la sexualité ou la reproduction, a une conséquence inattendue. Qu'elles aient un comportement sexuel « libéré » ou non, les femmes ont besoin de se soustraire à l'image sexuelle permanente qu'elles sont sommées de projeter. Elles trouvent donc pour certaines intérêt à maintenir le tabou des règles qui leur ménage ce temps d'autonomie dont elles ont tant besoin. Ce faisant, elles n'ont pas un comportement archaïque, elles se servent de façon opportuniste d'une parade commode et à leur portée. Elles tirent un verrou de sécurité : l'homme n'osera pas venir troubler leur retraite. Elles oublient seulement que leur choix s'est porté sur les règles par facilité, et qu'il eût pu être autre. Il aurait alors fallu définir ce temps de retraite où l'homme n'a pas accès au corps féminin pour ce qu'il est : la libre disposition du temps, du corps et de l'esprit. Ce qui est plus compliqué et plus aléatoire à obtenir.

Finalement, qu'est-ce qui différencie l'attitude qui consiste à refuser l'acte sexuel pendant les règles ou à faire l'amour en prétendant que les règles ne sont pas là ? Peu de chose à mon avis. L'évitement physique total ou la négation des règles quand elles sont là me paraissent être identiques. Seule change la perception subjective que la femme a d'elle-même. Dans le premier cas, une femme se sentira un peu démodée, dans le second cas, elle se décernera un brevet de modernité.

Les femmes qui font l'amour pendant leurs règles mettent une telle discrétion à dissimuler leur état que l'homme ne s'en aperçoit guère : les règles sont bien là, mais nul ne veut les voir.

Ève.

Récemment, mon ami a mis trois jours à s'apercevoir que j'avais mes règles. Nous avions fait l'amour pourtant. Nous en avons ri, et je crois que c'est beaucoup dû à ma discrétion. Lui a un peu de répulsion pour le sang, il ne ferait pas de cunilingus par exemple. De mon côté, je n'ai pas envie de faire l'amour les deux premiers jours. Le premier jour, les règles sont abondantes avec le stérilet, et il faut qu'il me sollicite pour qu'on fasse l'amour. Comme nous

vivons séparément, je m'arrange pour le voir plus tard. J'ai envie
de me replier sur moi-même. Je me sens nerveuse, un peu fragile,
vulnérable. Il me semble que les rapports se trouvent déformés
par mon hyperémotivité. Je préfère être seule pour ne pas être
blessée. Si j'ai des rapports physiques à ce moment-là, je fais une
toilette avant et j'enlève mon tampon hors de sa présence.
Ensuite, sous prétexte d'aller chercher un verre d'orangeade, je
remets un tampon. Je suis discrète. Je ne pense pas que ça pose-
rait de problème que je mette un tampon devant lui, il trouverait
même sans doute que c'est érotique, par identification au phallus
peut-être. J'imagine moins bien de le retirer, quoique ce ne soit
pas impensable.

Ce qu'on refuse de voir, c'est que les règles sont un
moment de l'instinct. Si les deux partenaires en ont
conscience, ce peut être la source d'un approfondissement
de la relation homme/femme, mais c'est précisément là ce
qu'ils refusent tous les deux. Là se révèle la misogynie ou
l'acceptation des femmes par l'homme ; là se révèle
l'incroyable haine que les femmes portent à leur propre
sexe. Cette dimension par laquelle elles échappent à
l'homme, elles ne la revendiquent pas, plus encore, elles la
refusent plus fort que lui. Faire l'amour pendant les règles
ne signifie pas leur acceptation par la femme. C'est la
simple soumission des règles à la sexualité. Pour qu'elles
ne fassent pas obstacle à la sexualité, on évitera tout signe,
tout rappel matérialisant leur présence. Rien ne doit
coexister avec le désir, rien en tout cas où se manifeste la
fécondité — sauf, bien sûr, quand on désire faire un
enfant.

Lorsqu'une femme éprouve le désir de faire l'amour au
moment de ses règles ou à la fin de sa grossesse, elle rencontre parfois chez l'homme un refus qu'il justifie par la
peur de faire mal. Dans le cas de la grossesse, il me paraît
que l'homme s'identifie au fœtus, qu'il vit souvent comme
de même sexe que lui : il se sent menacé par son propre
phallus. Dans le cas des règles, l'explication me semble

voisine : la femme est vécue, bien qu'on le nie, comme
mère potentielle et non plus comme amante, d'où une certaine panique qu'on masque par l'altruisme : mais ce n'est
pas à la place de la femme que l'homme se met dans sa
crainte de blesser mais à la sienne propre. Les hommes
même qui veulent le moment des règles identique à tout
autre avouent simultanément éprouver le sentiment d'être
la cause de ce sang et se sentent coupables d'avoir blessé
la femme, provoqué le saignement. C'est replacer par une
voie détournée les règles dans l'ordre de la fécondité. Ils
seront effectivement à un autre moment à l'origine d'une
blessure, d'une béance, qui ouvrira le sexe féminin pour
livrer passage à l'enfant. Peut-être est-ce également là une
propension infantile à ramener à eux un fait qui leur est
entièrement étranger afin justement d'y avoir prise,
d'abolir la différence en s'en instituant l'origine. Quand
les règles sont contournées comme frein à la libre sexualité, on ne leur attribue aucune signification ; ce type de
relation ne veut considérer que le désir et nie totalement
l'instinct de reproduction qui, *malgré tout*, en constitue le
fondement. Les règles, dont la signification reste la vie
même, sont renvoyées au néant par l'hégémonie de la
sexualité : il n'est pourtant pas de tabou *per se*, il y a une
place culturelle à assigner à la transgression. S'y refuser
renforce le tabou : l'irruption des règles dans le champ du
désir est nécessaire à la reconnaissance d'un statut véritable pour les femmes.

Véra, 31 ans.

Si un homme n'arrive pas à baiser à ce moment-là, c'est qu'il
refuse un réel rapport. C'est pareil pour les femmes. Mais toute
femme s'aménage des moments, des coins où elle veut être tranquille, et ça peut être les règles. Le revendiquer comme un
moment où l'homme n'a pas accès, c'est un rapport à l'homme,
pas aux règles.

Faire l'amour à ce moment-là approfondit une relation. L'homme qui aime l'odeur des femmes aime les femmes dans cet état.

Je partage entièrement le point de vue de Véra à ceci près : accepter l'autre dans sa différence n'est pas forcément s'y confronter matériellement. A l'hégémonie que les hommes ont imposée aux femmes ne doit pas succéder un mouvement pendulaire inverse. Le progrès serait déjà que chacun des deux sexes ne se comporte pas de façon à occulter les règles.

Paule.

J'aime faire l'amour quand j'ai mes règles, j'ai la sensation d'une onctuosité différente, le vagin est différent lui aussi et mon plaisir est très intense. Mais je sais que si je peux faire l'amour si facilement pendant mes règles, c'est parce que je suis sous pilule. J'ai autrement des règles très abondantes et je n'aimerais pas que le sang envahisse mes rapports sexuels. A une certaine période, j'ai eu besoin de sentir mon sang couler. La nuit, je mettais une grande serviette-éponge sur mon lit et le jour je portais des serviettes au lieu de tampons, mais c'était avant la pilule, maintenant, j'ai très peu de sang, il est brunâtre et vient par petits lambeaux, il n'a pas la même odeur. D'un autre côté, je suis sûre de ne pas avoir mal, d'oublier mes règles. Normalement, mon sang est vermeil, abondant, et ça me manque. Pour moi, je compare le sang des femmes avec la sève des plantes et je pense que ça les relie à l'univers. Si on en venait à supprimer le sang des règles, ce serait déshumaniser le corps humain, le triturer pour en faire une machine soustraite aux lois universelles. Les règles c'est un signe, comme un battement de cœur, les supprimer, c'est retirer au corps ses repères de vie et poser tout ce qui est humain comme abject.

Je m'occupe de mon corps par ailleurs et je suis persuadée que cela débouchera sur l'abandon de la pilule, mais je ne me sens pas la force actuellement et je veux y consacrer du temps. J'ai d'autres priorités et je le ferai quand je penserai que c'est le moment, comme je l'ai fait pour l'alimentation, comme une hygiène de vie supplémentaire.

Avec mon premier mari quand j'avais mes règles, on ne faisait pas l'amour, d'un accord tacite. Faire l'amour en les ayant s'est posé plus tard, au moment où elles ont coïncidé avec un fort désir pour quelqu'un d'autre. Il se trouve que cette personne m'a aidée à transgresser ce tabou et pour moi cette période n'arrête pas ma vie sexuelle. Mais pour la majorité des hommes que j'ai rencontrés, le leur dire les faisait débander complètement. Dire que j'avais mes règles a été pour moi à une certaine période de ma vie échapper à la corvée de faire l'amour avec quelqu'un pour qui je n'avais plus de désir. Je les annonçais trois jours avant qu'elles n'arrivent et elles se terminaient officiellement quatre jours après, ce qui me faisait un respectable moment de tranquillité.

Avec mon ami P., j'ai eu récemment une discussion sur l'amour pendant les règles parce qu'il n'avait pas pu faire l'amour avec moi deux fois de suite pendant cette période. Il m'a expliqué qu'il avait peur de me faire mal et qu'il pensait que je ne le désirais pas vraiment. Après cette mise au point on a pu faire l'amour. Mais il y a toujours des moments où je ne sais pas trop comment me comporter. Le moment d'enlever le tampon en est un. Je m'efforce à la discrétion, je sais que ça coupe le désir des hommes que de le voir. Je crois qu'il y a une analogie entre la forme du tampon et celle du phallus et qu'ils craignent que la femme ne conserve à volonté leur membre comme elle le fait pour le tampon — le «mettre» et l'enlever, et c'est drôle parce que d'habitude les hommes disent vulgairement des femmes qu'elles se font «mettre». Je crois aussi que la manipulation d'un objet qui n'est pas sexuel pendant l'amour les repousse.

Je ne fais pas un principe de faire l'amour quand j'ai mes règles, ce que je cherche, c'est l'acceptation de moi par l'autre à tous les moments.

L'acceptation par l'autre, c'est bien la pierre de touche du comportement des femmes. Mais pour y parvenir, elles se séparent en deux clans : celles qui gomment les règles...

Frédérique.

Je fais l'amour pendant les règles, sans problème. La plupart des gens que j'ai connus s'en foutent et font comme si elles n'existaient pas. J'enlève le tampon avec discrétion, sans qu'ils le voient. Mettre un tampon, l'enlever c'est un geste long, méticuleux, c'est un rapport entre la propreté et la saleté, c'est plutôt : «Il n'y a rien à voir, circulez!» Si un mec met un préservatif devant moi, j'ai horreur de ça, d'ailleurs j'ai horreur du préservatif aussi, je ne peux pas comprendre comment ça existe, je trouve ça une absurdité. Je crois qu'ils ont si peu de moyens qu'on ne peut pas leur reprocher de laisser la contraception aux femmes.

Et celles qui les montrent : Marie parle des règles avec une santé qui coupe le souffle. Si toutes les femmes aimaient leur être avec cette violence, de deux choses l'une, ou les hommes les accepteraient sans faire le détail (voilà pour l'utopie) ou ils se réfugieraient dans le coin d'une chambre repliés dans la position du fœtus (voilà pour l'éventualité la plus probable).

Marie.

Je range les tampons bien en évidence dans les toilettes. C'est important dans mon rapport aux hommes. Aussi bien en communauté mixte qu'en communauté de femmes, j'aime que les hommes voient les tampons comme le symbole des règles. Qu'ils les voient. Je montre ainsi que je n'en ai pas honte. C'est aussi une façon de leur dire : « Si vous avez envie de faire l'amour quand j'ai mes règles, ne vous gênez pas, j'aime ça. Ne soyez pas gênés de mon corps à ma place. » De fait, j'ai remarqué que je suis sexuellement plus excitable la veille de mes règles, mais que cela ne modifie pas mon désir par la suite.

Les hommes que j'ai connus vivaient diversement la chose. Certains m'ont dit : « C'est comme si moi je t'avais blessée. » Ou encore : « J'ai peur, je ne supporte pas. » Un seul d'entre eux m'a dit : « J'aime bien, l'odeur des règles rend les femmes plus que femmes. » Un certain nombre d'hommes ont eu la réaction exploratrice : « En général, les femmes n'aiment pas ça, alors si toi tu aimes, j'aimerais le faire pour voir. »

Je suis bissexuelle, mes rapports les plus privilégiés, c'est avec une femme que je les ai. Ce n'est pas pareil ces jours-là, mais nous avons des relations sexuelles ces jours-là aussi. J'aime mon sang et celui de ma compagne, je le porte volontiers à ma bouche, pour l'odeur et pour le goût. Mais j'imagine plus difficilement qu'on me le fasse quand je perds beaucoup de sang, après oui. Et contrairement à mon amie qui se lave si elle a ses règles avant que je ne la lèche, je ne me laverai pas. Mon odeur est ce qu'elle est. Je lui fais l'amour avec les doigts, je me lèche les doigts. Mais je n'apprécierais pas qu'elle fasse la même chose avec moi qui perds beaucoup de sang.

Entre le « Circulez, il n'y a rien à voir » de Frédérique et le « J'aime mon sang, je le porte volontiers à ma bouche » de Marie, il y a des années-lumière d'écart. Faut-il ou non inviter les hommes à cohabiter sans secret avec la menstruation ? Faut-il faire de ce moment celui d'une retraite ? Où se trouve la ligne de partage entre hommes et femmes et que doit assumer chaque sexe pour que sa place ne lui soit pas déniée ? A chacun de moduler ces questions selon son histoire personnelle, sans oublier que le silence sur les règles entraîne d'autres silences.

Variations

On trouve dans les journaux peu d'articles, commentaires, enquêtes sur le sang menstruel. Si l'on reprend un journal comme *Parents*[1], qu'une question comme celle-ci devrait préoccuper, on trouve sur dix ans moins d'une demi-douzaine d'articles consacrés au sujet. Quand un tel journal parle du sang, il prend des précautions pour rendre propre et visible par tous ce qui pourrait soulever l'appréhension, la répulsion ou la fascination, ce qui sortirait le journal de la ligne du juste milieu. C'est en privilégiant l'aspect fonctionnel et institutionnel du couple et du monde médical qu'on désamorce la violence du sang. Les premières médicales de l'obstétrique sont représentées comme une victoire du couple sur l'adversité, et comme une victoire du progrès sur la nature. Le mari symbolise la force tranquille, la femme transcende angoisse ou souffrance, les rapports avec le personnel hospitalier sont humains et bien huilés. C'est un monde clos et parfait. Mais comme on ne peut éviter de montrer grands ouverts le sexe des femmes, pour excuser ce voyeurisme mal déguisé qui fait entrer l'érotisme dans le monde aseptisé des salles d'opération, photographes et journalistes reçoi-

---

1. Mensuel familial tirant à 500 000 exemplaires, s'adressant aux jeunes parents et destiné aussi à vulgariser les problèmes posés par la sexualité.

vent des consignes très strictes. Il serait indécent de montrer le sang coulant à flots, il doit être canalisé, sage : on ébarbe donc ce que l'image pourrait avoir de choquant ou de trouble. Il reste juste assez de sang sur la photo pour accréditer le côté nature, reportage ; le surplus est épongé et les blouses du personnel sont impeccables. Il ne faudrait pas confondre élite médicale et bouchers de La Villette. Quand l'alliance est passée au doigt de la future maman, quand le sang est ramené à des proportions convenables, quand le personnel tient la situation bien en main, on peut fixer le tableau pour l'édification, l' «information», des lecteurs. Le sang n'est plus dès lors un facteur d'émotion irrationnelle, de désordre, l'indice inquiétant de la proximité de la mort. Il en reste juste assez pour que passe le petit frisson d'horreur inconscient qui fait vendre. Le débarbouillage effectué, la fesse qu'on montrait à l'origine dans sa crudité devient par le miracle de l'hypocrisie une fesse bien-pensante, bonne conscience des foyers éclairés des classes moyennes.

Le sang fracture le quotidien. Il est l'insécurité dans une époque où tout engage à se nicher dans la sécurité, où chacun s'en tient au rôle qu'il s'est, ou qu'on lui a, assigné. L'initiative, l'histoire personnelle ou le désir des autres constitue une menace et doit être distancié en un spectacle. Ôter le masque qu'on porte expose à l'incertitude. Sortir de son rôle, c'est être vulnérable et remettre en question une position sociale, une place laborieusement acquise dans la frustration constante de désirs profonds. Les témoins d'un accident mettent, quand ils y assistent en chair et en os, autant de distance que s'ils étaient assis devant leur poste de télévision. Toucher par mots et gestes quelqu'un qui gît à terre dans son sang, c'est prendre le risque d'être assimilé à un inconnu qu'on soupçonne vaguement d'être coupable. Pourquoi n'est-il pas debout comme tout le monde, pourquoi baigne-t-il dans ce sang

obscène qui rougit la grisaille de l'asphalte ? Va-t-on jouer
un rôle dans une pièce dont on ne connaît ni le début ni le
dénouement, endosser peut-être une faute. Se singulariser,
dépasser de la foule anonyme, c'est s'exposer à ce qu'un
sécateur vienne couper ce qu'on a fait imprudemment
dépasser de soi. L'irruption du sang dans notre monde
momifié est donc renvoyée à l'irrationnel, on laisse faire le
destin. La tache rouge sur le bitume sera lavée au jet et
tout reprendra sa place. Le suicide lui-même témoigne
avec crudité de cette peur du sang. Peu de gens signent
leur mort de leur sang et en le regardant s'épuiser. Même
dans le désir de s'autodétruire, il est difficile de partir
comme on est né, dans le sang.

Le sang dont on parle est à un titre quelconque productif. Sang d'hommes versé dans des conflits guerriers,
sang des victimes civiles tuées au hasard des bouleverse-
ments locaux ou planétaires. Ce sang versé collectivement
est mis à la vitrine des journaux, il renvoie les spectateurs,
les lecteurs à la paix et à la sécurité. La représentation se
fait de façon de plus en plus crue et rapprochée à mesure
que l'horreur s'émousse par la répétition ou par l'éloignement. Ce spectacle relève de critères politiques ou com-
merciaux. Il sert à rassembler les populations, fonctionne
comme creuset de la bonne conscience nationale, ou fait
l'objet d'une transaction. Ce n'est pas l'événement qui est
important mais les enseignements idéologiques locaux
qu'on peut en tirer pour illustrer des situations qui n'ont
rien à voir avec les faits dont le journal se prétendait le
rapporteur. Le sang qui ne peut servir à l'édification du
lecteur est occulté. Pas de reportages sur le mode intimiste
pour montrer que n accidentés du travail ont versé x litres
d'hémoglobine pour gagner leur vie, et la perdre sans
rémission. Cela pourrait inciter à la désertion les autres

salariés. A l'inverse, on en parle sur le mode héroïque en pays socialistes. Dans les deux cas, les histoires individuelles comptent pour rien. Le sang des femmes, lui aussi, est soumis à la classification de l'unité sociale. Le sang placentaire, versé au champ d'honneur de la maternité, est glorifié, bien qu'on lui assigne de strictes limites et qu'on l'escamote dès que l'enfant paraît. Mais c'est bien là un sang noble, exalté dans l'expression collective d'un sentiment national ; c'est un sang productif qui renouvelle les forces vives d'une nation, et chacune est, par un réseau de contraintes sociales appropriées, très vivement encouragée à faire son « service national » féminin, à procréer dans la juste mesure du ni trop ni trop peu. Le sang virginal connaît un statut plus ambigu. Exhibé ici, caché là, il est en tout lieu l'affirmation de la possession par un homme d'un corps de femme. Cependant, il ne donne plus lieu, dans nos sociétés, à aucune transaction de parents à futur gendre. La dot des jeunes filles passe actuellement davantage par leur niveau d'études que par une hypothétique pureté virginale. Bien différente est l'attitude envers le sang menstruel, sang improductif s'il en est. Quelques savants avaient bien espéré autrefois en faire de l'engrais, mais las ! leur utilitarisme a dû s'incliner devant l'insoluble problème de la collecte. Actuellement l'ingénieuse méthode par aspiration permet d'aspirer en une fois le sang menstruel, soit une centaine de grammes, et le problème est donc théoriquement résolu. Reste à trouver des volontaires pour cette nouvelle frontière de la « marchandisation » des corps. Nul doute que les femmes du tiers monde feront encore les frais de ce possible créneau marchand. Pour l'instant le sang menstruel est encore perçu comme improductif et, comme tel, impur non seulement selon des critères moraux encore vivaces mais selon des critères sociaux. Et sa dangerosité par rapport à l'ordre social est pressentie. Pas de rentabilisation possible pour ce temps que chaque femme compte à sa façon et qui n'est pas le temps des horloges mécaniques. Mais il y avait une porte de sortie : la rentabilisation du sang des règles passait par sa disparition. L'absorber, voilà la clé, le faire disparaître jusque dans l'esprit des femmes. Parler du sang menstruel renvoyait à l'histoire individuelle, le cacher recelait en revanche une véritable mine d'or. La prospérité des fabricants des objets se rapportant à l'hygiène féminine en apporte la preuve. Le champ clos de la publicité des soins intimes reste la presse féminine. Et encore, pas tout entière : des journaux comme *Femme d'aujourd'hui* ou *Clair Foyer* sont discrets sur le sang et il faut que les objectifs apparents du journal soit l'émancipation féminine pour que, comme le journal lui-même, la publicité devienne un outil prétendu de libération. *Marie-Claire, Elle, Biba, le Nouveau F-Magazine*, qui se disputent cette image de marque, donnent une large place aux publicitaires de l'absorption. Et c'est toujours au nom du progrès que l'on prône l'utilisation de tel ou tel produit.

Les premières venues sur le marché furent les serviettes à jeter. Les points clés de l'argumentation se répètent inlassablement : liberté, sécurité, oubli. Personne ne soupçonnera que vous en portez une sous votre pantalon le plus collant, ni que vous en avez une en réserve dans votre minuscule sac à main ou dans votre bagage — parce que vous allez forcément en week-end si vous êtes moderne. Pas d'accident — entendez tache de sang — possible, personne ne surprendra de souillure sur les vêtements clairs et moulants que s'obstinent à porter les mannequins. Vous garderez la tête à ce que vous faites ordinairement — entendez votre travail et l'entretien de votre famille. Vous oublierez même que vous avez vos règles. Les modèles sont toujours en mouvement : elles s'activent au bureau ; elles marchent dans la campagne ; elles chevauchent une bicyclette, un tronc d'arbre, un cheval, toutes situations les

rappelant à leur sexe. Ou bien elles sont à leur tour che-
vauchées par un enfant (une fille comme par hasard). Et
surtout, elles portent du blanc, la publicité les pare d'une
couleur virginale, poussant l'amnésie un peu loin. Jamais
un instant de répit dans cette représentation, jamais de
repli sur soi-même. La femme n'a pas une minute à elle
puisque tout son temps est consacré à autrui. Si elle
s'occupait d'elle-même, ce serait au détriment de sa promotion professionnelle, de son image de salariée, de mère
ou d'amante toujours disponible.

Après les serviettes à jeter apparurent les tampons : là
encore, l'idée de progrès vient culpabiliser les attardées
qui s'en seraient tenues aux lingettes de leurs grand-mères
et auraient poussé le manque de goût jusqu'à toucher pour
les laver ces linges salis. A ski, en équilibre sur des barres
parallèles, habillées sportivement, serrées de près par
l'homme de leur vie, qui ne soupçonnera rien — jusques à
quand ? —, les mannequins nous tendent la coupe de
l'oubli. Dernier raffinement, les tampons se vendent maintenant imbibés de déodorant : le sang menstruel ne
s'oxyde et donc ne trahit son odeur que lorsqu'il est mis au
contact de l'air. Mais il faut innover pour vendre. Tant pis
si quelques dizaines d'Américaines sont mortes de l'association biologiquement incontrôlable de textiles artificiels,
de déodorant et d'applicateurs traumatisants pour les
muqueuses vaginales. L'antériorité de Tampax sur le
marché lui donne le privilège de la prudence et ses publicitaires mettent l'accent sur l'écologie, la sécurité, l'absorption maximale. O.B. s'est attaqué aux vierges, terrain difficile car les mères veillent : si elles se dépucellent toutes
seules, comment les tiendraient-elles après !

Les jeunes filles aussi doivent être modernes. Bientôt les
fillettes elles-mêmes porteront des protège-slips : on
n'éduque jamais assez tôt les futures consommatrices, et
ce sont justement les derniers-nés de l'« industrie pério-

dique ». Une fois les femmes convaincues de jeter les serviettes de cellulose, contre les vieux principes d'économie, puis de mettre en place à un endroit autrefois interdit un tampon intérieur, il restait à les persuader qu'elles ne sont jamais à l'abri d'un petit accident. Des règles aux pertes, il n'y a qu'un pas. La femme est toujours soupçonnée de perdre quelque chose : sa tête, sa virginité, d'incontrôlables mucosités, des enfants, sa réputation, le sens commun. Elle est ici sommée d'assigner une place à ce qu'elle perd, et les marchands volent à son secours pour cacher ses tares originelles, et faire en sorte qu'elle garde la tête à l'endroit. Qu'elle achète donc des protège-slips pour oublier ce qu'elle perd et elle pourra se consacrer à son rôle social. Garder sa raison en égarant autre chose, son corps peut-être ? Contradictoire ? Sans doute, mais logique du point de vue marchand. Hygiène et standing ici confondus, la femme sera sûre d'elle-même, bercée par les mots qu'elle aime entendre : liberté, progrès, oubli. Entourée d'une aura de pureté retrouvée, elle sera en paix avec elle-même et le regard des autres jusqu'au prochain petit malin du marketing qui dénichera un harnachement supplémentaire pour se tailler sa place au soleil.

On retire de tout cela une impression pénible d'emboîtement où la femme serait une matriochka qui n'en finirait plus de receler des ouvertures à combler. Sans complexe, elle a mis un tampon ; pratique, elle a rajouté une serviette ; prudente, elle a ajusté un protège-slip, puis elle a ficelé le tout dans une petite culotte à jeter invisible sous sa paire de jeans. L'époque est décidément aux portes blindées ! Quelle est cette pureté perdue dont les publicitaires nous rouvriraient l'accès ? Que viennent racheter ces parures de vestales, ce blanc parfait, ces atmosphères virginales à la Hamilton ? Serait-ce la « faute » de n'avoir pas conçu et d'avoir néanmoins succombé au péché de chair ? Ou celle, tous les mois renouvelée, d'être témoin par son corps d'une puissance de vie dont on dispose ? Être, comme nous le suggèrent les publicités, près de la nature ne passe pas par la dissimulation d'un état qui atteste la santé de quelqu'un. Les femmes saignent pendant trente-cinq années de leur vie, pourquoi occulter cela ? Oublier les règles, les faire oublier, n'est pas un lapsus, c'est la dissimulation d'un phénomène qu'on ne peut maîtriser, c'est ne vouloir entendre la vie qu'à travers sa domestication.

La femme n'est satisfaisante que morte à son corps. Rien n'en doit dépasser, il faut le réduire au silence car toutes les excrétions sont des indices du temps qui passe. Rien ne doit subsister que des formes lisses et comme abstraites mais il faut que souterrainement la vie continue à exister en elle. Formation de la fillette, début et terme des cycles menstruels, accouchement, ménopause, tout au long de sa vie, une femme est confrontée à des fins. L'homme peut s'imaginer qu'il n'est pas de fin pour lui puisqu'il a décidé que c'est en la femme que s'incarne la mort. On n'a jamais tant qu'aujourd'hui vu et si peu vu la mort. Le cinéma, la télévision montrent des scènes d'une violence inouïe mais qui n'ont pas d'incidence sur la vie des spectateurs. En revanche, rares sont les petits enfants qu'on amène actuellement auprès du lit mortuaire de leurs grands-parents. Et cela, ce serait la mort dans ce qu'elle a de plus tangible, de plus concret. Mais la mort est le désordre suprême que personne ne veut vraiment voir.

C'est peut-être une des explications du fait qu'on impose aux femmes ménopausées un statut inacceptable. Leur corps, en ce qu'il ne produit plus d'enfant, ne produit plus de désir et doit être écarté de la vie. Certes, la méno-

pause marque le début de l'involution des organes géni-
taux, et la situation est angoissante pour les femmes qui le
vivent, car elles savent qu'elles n'auront ensuite que le
choix d'être des grand-mères gâteaux ou des vieilles dames
indignes, mais surtout plus des femmes désirantes, les hys-
térectomies fréquentes pratiquées après la ménopause en
témoignent clairement. Et cela parce que la sexualité sert
actuellement de pierre d'angle à toutes les relations
humaines et qu'elle n'est définie qu'en termes de coït.
Hommes et femmes, à partir de soixante à soixante-cinq
ans, se sentent atteints par la limite d'âge, ils renoncent à
trouver un rythme et une expression propres à leur âge et
préfèrent se retirer complètement de la « compétition ».
L'époque agit sur eux comme si le seul étalonnage possible était celui des capacités sexuelles du jeune adulte.
Ainsi sont repoussés les plus jeunes dans un devenir qu'à
force d'attendre ils rejettent et les plus vieux dans le souvenir aigri d'une jeunesse mythique dont ils devinent
qu'elle n'est pas l'unique conjugaison de la vie humaine.

Face à cette éviction, les femmes ont actuellement plusieurs réactions. La plus courante est l'acceptation pure et
simple de la cessation de toute activité sexuelle, et l'investissement massif de leur temps dans le mieux-être des
autres. Une attitude opposée tend à s'étendre actuellement
et c'est de prolonger, au moyen de traitements hormonaux,
les règles jusqu'à un âge très avancé. Dans les deux cas, les
rapports sociaux ne sont pas remis en question. Renoncer
lorsqu'on désire encore est mortifère, mais vouloir éviter
de regarder la mort en face est lâche. Mais là encore, on
demande aux femmes de porter un fardeau trop lourd
pour elles. Pourquoi incarneraient-elles seules le vieillissement de l'espèce humaine jusqu'au bout de leur vie et
dans le déni même de la charge qu'on leur fait porter ?

La contraception

La pilule contraceptive et le stérilet, présentés par une large frange de la médecine et acceptés par de nombreuses femmes comme des outils de libération du corps féminin, servent de fait à masquer une aliénation d'autant plus pernicieuse qu'elle impose silence à un corps qu'elles prétendent libérer. Je ne dissocie pas la pilule et le stérilet parce qu'ils ont comme effet commun d'obturer littéralement le corps et l'esprit, et de modifier leur fonctionnement. De leur utilisation sont issus des comportements et des croyances concourant à faire penser qu'à travers eux les femmes ont acquis une liberté plus grande. Je dis que, à l'inverse, et comme d'ordinaire dans nos sociétés, cette liberté est étroitement informée par les rapports de production ; en fait, cette liberté n'est constituée que des retombées sociales d'une organisation économique exigeant qu'une main-d'œuvre bon marché, les femmes, soit le plus disponible possible, et le moins « handicapée » par le double aspect de sa condition ; à savoir, d'une part, la production et le salariat, et, d'autre part, la reproduction. Que les femmes puissent maintenant aller travailler tout en programmant leurs enfants ou leurs non-enfants, et qu'il s'ensuive une apparente liberté sexuelle est tout à fait analogue au fait que la libre circulation de la main-d'œuvre dans les pays occidentaux a pour corollaire la libre circulation des particuliers pour leurs besoins personnels, touristiques, familiaux, etc. Ce qui est ensuite institué en « libertés démocratiques » a pour point de départ des structures économiques qui n'ont rien de libertaires. C'est un leurre que l'égalité entre hommes et femmes par le biais de la pilule et du stérilet ; leurre qu'une « maîtrise » de la fécondité qui consiste à l'occulter complètement ; leurre que la liberté du corps par sa réduction à l'état de chose.

On dit beaucoup, et certaines de mes amies me l'ont dit, qu'il est irresponsable de remettre en question ce type de contraception : ce ne serait pas à moi, « femme privilégiée » parce que pourvue de parole, de désespérer les autres femmes sans leur proposer un moyen d'efficacité équivalente. L'argument m'a culpabilisée pendant un bon moment mais il est à tout prendre grandement imprégné d'un profond mépris à l'endroit de ces femmes que l'on voudrait ménager : je crois qu'il n'est besoin pour personne de mettre en œuvre une analyse bien profonde pour refuser de soumettre son corps à un carcan chimique ou physique et que s'y soumettre c'est, après l'avoir décelée, faire « avec » une aliénation qui permet d'en écarter d'autres. Ce qui me gêne davantage, c'est que j'ai moi-même utilisé la pilule pendant de longues années et qu'il me semblait malhonnête de dire aux filles qui venaient derrière moi, femme de trente ans, « après moi, le déluge, apprenez la musique intérieure de votre corps à un moment de votre vie où vous n'avez d'oreilles que pour votre désir ». Finalement, j'ai repoussé l'argument de la désespérance par le savoir parce que c'est l'éternel argument de l'élite, énonçant ce que doit faire autrui et ne s'y conformant pas, en vertu précisément du savoir qu'elle possède mais ne rétrocède pas. Les jeunes filles continueront certes à prendre la pilule mais je voudrais qu'elles ne se prétendent pas libérées pour autant.

J'ai interrogé des médecins autour de moi. Tous s'accordaient à constater, officieusement, que la pilule et le stérilet sont des objets peu recommandables mais qu'ils sont un moindre mal. Ni la pilule ni le stérilet ne sont parfaits, disent-ils en substance, mais ils sont irremplaçables pour l'instant. Et d'ajouter que les femmes ne sont pas prêtes à accepter des méthodes contraceptives demandant une forte motivation et une discipline personnelle suivie. Cependant, la proportion de Françaises réfractaires aux méthodes contraceptives orales et intra-utérines, défendues massivement par les médias féminins et le corps médical, est environ de 57 %. Le fait que médias et médecins l'imputent à des résistances d'arrière-garde me paraît seulement être le reflet de leur frustration de voir échapper à leurs travaux d'approche mercenaires une large pratique. Pour moi, je crois qu'il s'agit, au moins pour partie, d'une résistance contenant en germe une demande d'autonomie plus grande.

Je n'ai pas voulu adopter le point de vue de Sirius pour exposer le problème de la contraception et j'ai cru plus honnête de retracer d'abord mon propre itinéraire. Je ne le fais pas sans réticence ni pudeur, mais il se trouve que ce livre et ma façon de vivre ont fort à voir entre eux.

A l'âge de 20 ans, lors de mes premières relations sexuelles, je n'ai pas eu, suspendue au-dessus de ma tête, l'épée de Damoclès de la grossesse non désirée, si redoutée par les générations qui m'avaient précédée : la pilule était déjà disponible en France. La pilule a accompagné ma sexualité des années durant. Toujours elle me semblait l'objet le plus magique qui puisse exister. Magie de l'acte sexuel innocenté, magie du désir pur. C'était en permanence un pied de nez à l'autorité sans cesse affirmée tout au long de mon adolescence des maîtres, parents, curés et censeurs de tous poils qui m'avaient prédit la punition de mes péchés contre la pureté. Bref, je souscrivais entière-

ment à l'idée que la pilule m'aidait à asseoir mon autonomie, à conforter ma liberté. Ne pas faire l'amour ici et
maintenant, quand j'en avais envie, me semblait être la
suprême offense contre le désir. Le faire sans risque d'être
enceinte me paraissait merveilleux.

Les années passaient. La pilule tutélaire veillait à ma
tranquillité. Pourtant les nuages s'amoncelaient dans cette
idylle finissante : mon désir sexuel si intense auparavant
baissait notablement, mon humeur se teintait d'une mélan-
colie parfois proche de la dépression, ma peau devenait
susceptible, une sourde frustration grandissait en moi au
fur et à mesure que disparaissaient les plaquettes... Trop
de griefs certes pour que seule la pilule fût incriminée.
Mais enfin elle était le catalyseur autour duquel grandissait mon animosité. Je fus tentée de cesser de la prendre
mais je n'eus pas le courage de m'y résoudre : elle
m'armait toute, elle ne me protégeait pas seulement de la
peur de la grossesse, ce n'était même là qu'un prétexte, de
fait elle habillait ma nudité face au désir des hommes : elle
avait prolongé ma virginité.

A cette époque, j'eus envie d'un enfant. Mais, de ce
point de vue, la pilule est aussi une réelle contrainte. Il
faut décider avec sa tête qu'on va « fabriquer » un enfant
avec son corps. Rien n'est plus déprimant que de programmer la vie et le temps. Rien n'est plus inconfortable
que d'affronter la pensée concurrente au désir d'enfant et
craindre en l'éventuelle grossesse une mutilation de sa vie
sociale, alors qu'il s'agit de l'enrichissement de sa vie
affective. Chaque femme quand elle envisage une grossesse doit résoudre par une décision individuelle des problèmes que la société lui pose par ses structures mêmes :
l'hypertrophie de la production réduit la reproduction à la
portion congrue dans la vie de chacune.

Il y eut pour moi une énorme différence entre la décision que je pris d'être enceinte et le fait d'être effective-

ment enceinte : la grossesse inscrivit dans mon corps qu'un acte décidé intellectuellement devait être mené à son terme physiquement, le processus biologique amorcé ne pouvait plus s'inverser. Je ne supportais pas, pour l'avoir vécue lors d'une courte interruption de la pilule, l'idée d'un avortement. J'avais cru jusqu'alors que toujours ma volonté pouvait faire plier mon corps et voici qu'il se révélait à moi dans une complète indépendance. Il mettait au jour une partie de moi-même que j'avais impitoyablement matée, parce qu'il faut qu'une femme soit doublement retranchée d'elle-même, dans son être et aux yeux des autres, pour arriver à un statut similaire à celui de l'homme le plus moyen, pour qu'on entende ce qu'elle dit, qu'on constate ce qu'elle fait. L'enfant en gestation m'apprit à suivre mon corps plutôt qu'à le dompter. Ce qui était entré devait sortir et tout mon moi intellectuel n'y pouvait rien. C'est à ce moment-là que je compris combien la contraception que j'avais choisie l'avait été selon des critères qui ne devaient rien au respect de mon corps mais tout à des options socioculturelles. Options qui réussissaient le prodige de me persuader que j'étais libérée et que j'avais tout à gagner à la négation de mon corps.

Après la naissance de l'enfant, j'optais un temps pour le stérilet. Encore un choix de principe que mon corps refusa avec véhémence. J'avais le sentiment d'être à la fois crucifiée et bouchée : l'idée de cet objet pointu, mi-métallique, mi-plastique, dans la vulnérabilité des chairs me révulsait. Je me sentais blessée et peut-être blessante pour cette dure douceur invitée, pour le sexe de l'homme. Je mis par la suite cinq années à abandonner la pilule, mais le compte à rebours de notre liaison orageuse était inéluctablement amorcé. Il me fallait absolument laisser mon corps en liberté, comme il l'avait été pendant la grossesse. Une mésaventure me décida, dont j'aurais pu sans doute tirer d'autres conclusions. Il se trouva, dans des circonstances que je ne déterminerai pas, que je fis contre mon gré l'amour avec quelqu'un que je considérais jusque-là comme un ami proche. Analysant les raisons de mon silence, de mon acceptation, je fus obligée d'admettre que la protection absolue que me procurait la pilule avait grandement contribué à ma défaite, avait encouragé ma démission. Faire l'amour sans risque ne pouvait pas être d'un prix bien élevé, rapport sans conséquences qui ne laisserait aucune trace. Aucune trace physique certes, mais une brûlure psychique qui ne parvint à s'éteindre que lorsque je pus rétablir une certaine transparence de l'événement entre toutes les personnes concernées. Si la pilule avait pu me persuader de me démettre de moi-même à ce moment-là, elle était peut-être le prétexte à bien d'autres démissions que je ne percevais pas. Je pris peur de ce que j'avais pensé être un bouclier magique : la contraception par pilule. Ce bouclier s'avérait être au contraire l'arme absolue de l'autre, celle qui éteignait totalement mon désir, au point qu'il n'existait plus au plan physique et laissait de l'autre côté du miroir sans tain mes fantasmes au profit de ceux des hommes. Si cette castration, réversible mais toujours reconduite, me séparait de moi-même et des autres, si elle autorisait, parce que nul n'est tenu d'être héroïque, que des rapports entre humains soient irresponsables, il fallait la faire cesser et tenter, par là au moins, une réunification de mon être. La domination du désir de l'autre sur le mien passait, entre autres, par l'occultation permanente de la puissance de vie qui était en moi, par la non-reconnaissance de ma fécondité.

Lorsque j'arrêtai de prendre la pilule, je vis avec horreur qu'un vieillissement physique modifiait tout mon corps. Ce ne fut qu'après quelques mois que cet abandon s'avéra positif. Je redécouvris l'ovulation régulière, une évolution plus nette de l'utérus et aussi celle des seins que la pilule avait rendus inertes, je refis connaissance avec de vraies règles, ma dépression chronique disparut comme par enchantement, tout comme les crampes circulatoires et les sourdes migraines. Je cessai d'avoir des relations sexuelles, le temps de savoir comment fonctionnait mon corps : le moyen de faire autrement quand le corps déréglé par les hormones de synthèse ovule jusqu'à trois fois dans un seul cycle ?... Je m'astreignis à établir une courbe thermique des cycles menstruels de façon à n'utiliser des contraceptifs locaux que pendant la période préovulatoire et je m'abstins de tous rapports pendant l'ovulation. A cette occasion, je découvris que les fabricants d'ovules spermicides recommandaient leur utilisation à chaque rapport sexuel. Ce que je trouvais un peu fort : pourquoi alors abandonner l'assujettissement de la pilule si c'est pour se conformer à un autre ? Le plaisir étant précisément qu'il n'y ait aucun objet interposé entre l'autre et soi-même. Ce n'est pas là une solution miracle et elle ne me satisfait qu'à moitié. Dire que je n'ai jamais peur d'être enceinte serait un mensonge, mais je me sens « entière », mon corps est un. Il est des moments où je le retranche de la sexualité, moments consacrés à la fécondité, cela repousse mon désir érotique et l'exaspère, cela donne aussi du prix aux relations privilégiées.

La tranquillité que donne la pilule est une forme de mort. Il s'agit ni plus ni moins que d'une castration qui autorise deux choses : d'abord la programmation sociale massive du corps féminin, sa normalisation, comptabilité gérée par l'individu lui-même pour le compte de la société, et contrôlée par les médecins ; ensuite la constante disponibilité mentale et physique au désir masculin : différer le désir en fonction des règles, de l'ovulation, ou du moment de repli que l'on se choisit est la chose la plus difficile pour une femme sous contraception absolue ; toute dérobade est soumise à explication ; plus de zone d'ombre où désir et non-désir restent en demi-teinte. Qu'il soit prêt ou non, désirant ou non, le corps de la femme devient un objet consommable à tout moment. Il faut une conscience aiguë de ses propres désirs pour qu'une femme puisse les faire émerger et aboutir face à l'étau du désir sans complexes de l'homme. Je ne pense pas parvenir à convaincre grand monde de changer de mode de contraception, je veux seulement attirer l'attention sur ce que l'emploi de ce que j'appelle les « contraceptifs totalitaires » signifie. La méthode de contraception que j'utilise ne me protège pas absolument et je prends effectivement le risque de l'avortement. Je le prendrai tant que la recherche ne s'orientera pas, et avec des moyens similaires à d'autres recherches sur la contraception ou la stérilité, vers la détermination la plus précise possible de l'ovulation, qui, avec la connaissance individuelle de la durée de survie des spermatozoïdes en milieu utérin, permettrait une contraception individuelle et naturelle. Je prendrai des risques, et avec moi 57 % des Françaises en âge de procréer, tant qu'on écrasera la noisette de l'ovulation, soit moins de 24 heures sur 28 jours, sous le marteau-pilon de la castration par pilule et stérilet, soit 28 jours sur 28. J'ai en moi un potentiel de vie que je veux conserver aussi longtemps qu'il est possible, je veux être complète et avoir ou ne pas avoir des enfants sans être obligée de mettre toute ma vie sous le signe de la sexualité masculine.

Selon leurs défenseurs, la vulgarisation de l'usage des contraceptifs oraux et intra-utérins serait à elle seule l'origine d'une révolution entre les sexes : la dissociation de la jouissance sexuelle et de la procréation, d'où aurait émergé la notion de plaisir sans devoir, avec, comme prolongement social, la désaffection du travail en tant que fin en soi. Je ne partage pas cet avis. La contraception de masse restera ce qu'elle est : une technique fléchie dans tel ou tel sens par la société qui la met en œuvre.

La seule expérience où des femmes aient réagi sans connaître l'existence de la période d'ovulation est celle que Mary Stopes, une gynécologue britannique, mena auprès de ses patientes entre les deux guerres et dont on connut les conclusions vers 1946. Celles-ci notaient deux poussées plus importantes de pulsions sexuelles durant leur cycle ovarien : l'une au quatorzième jour environ après les règles, et l'autre juste avant les règles ; ces impulsions étaient accompagnées d'une forte sensibilité de l'odorat, de la vue et de l'ouïe. Or, Knaus, Ogino et Smulders démontraient simultanément à cette enquête que le quatorzième jour après les règles est précisément le moment de l'ovulation. Désir et fécondité coïncidaient. Du point de vue de la maîtrise de la fécondité, les plus forts moments de désir sont par conséquent frappés d'interdit sexuel : le moment de l'ovulation parce qu'il comporte le danger d'une conception, le moment des règles parce qu'il reste tabou pour de nombreuses couches sociales. Toute méthode, et celle des températures en particulier, met donc en jeu un antagonisme patent entre les désirs biologiques, psychiques, et le fait que la volonté de ne pas concevoir fixe les relations sexuelles pendant la période de non-fécondité.

C'est en fonction de cet antagonisme entre désir et fécondité que la pilule est apparue comme un progrès, comme une révolution même, lorsque Pincus la mit au point en 1956. Progrès consistant à pouvoir entreprendre des relations sexuelles à tout moment du cycle ovarien. Mais de quel cycle s'agissait-il dès lors que le principe même de la pilule était de le supprimer ? Il y avait là une translation de l'antagonisme mais non pas sa résolution. La pilule donc n'a pas créé la séparation entre désir et fécondité : *cette séparation était bien là et elle demeure parce qu'elle est inhérente à toute méthode contraceptive. La pilule et par la suite le stérilet ont simplement poussé à sa quasi-perfection l'étanchéité totale entre ces deux pôles.* Ce faisant, ils ont permis d'exclure le coûteux recours à l'avortement de façon presque certaine. *Mais, en assurant une contraception totale et permanente, ils font davantage que de séparer sexualité et fécondité : ils donnent une priorité absolue à la sexualité et relèguent la fécondité dans le champ des fantasmes sans prise sur la réalité,* ou perceptibles par des voies plus difficilement décelables. La femme est ainsi constamment disponible pour le désir de l'homme. Au bout de cette évolution se profilent, à travers les dernières générations de pilules, la disparition des règles et — si les expériences génétiques actuellement menées aboutissent — la volonté de conduire au bout la gestation du fœtus *in vitro.* Les États-Unis ont déjà commercialisé la pilule qui supprime l'ultime preuve encore manifeste de la force de vie féminine, le sang menstruel. C'est aux États-Unis encore que certaines femmes, parmi les plus radicales féministes, réduisent leurs règles à une formalité de quelques minutes par la pratique de l'induction des règles. Aux États-Unis enfin qu'on peut observer la vente légale d'enfants à travers le fait que des femmes stériles confient le sperme de leur mari à des femmes fertiles qui mènent à bien une grossesse dont elles n'auront pas le fruit. Tout cela avant que ne soit mise au point cette petite merveille du progrès scientifique, le bébé éprouvette, qui délivrera enfin les femmes de la malédiction d'enfanter.

Nous n'en sommes pas encore là, et, pour l'instant, la conquête de la pilule se bornerait à la programmation certaine des enfants. Là encore, ce n'est pas à partir de 1956 qu'on a constaté en France la volonté avérée de limiter les naissances. Elle s'était plusieurs fois affirmée au cours des deux siècles précédents. La pilule n'est que l'arme absolue de l'arsenal anticonceptionnel ; de forts inhibiteurs sociaux et culturels peuvent aussi limiter les naissances qui vont de la chasteté aux blocages psychiques. La limitation radicale des naissances offerte par la pilule reste fondamentalement, comme toutes les contraceptions, surdéterminée par des facteurs sociaux et non individuels. (On observe quand même que, au plan individuel, la pilule peut provoquer des aménorrhées rétives et que l'enfant sur commande est un puissant inhibiteur de la fertilité.) Ce « nouveau pouvoir » des femmes trouve rapidement ses limites dans les conditions de salaires, de logement, de vie, d'intégration sociale, bref, dans un faisceau qui réunit rarement les conditions optimales d'une reproduction épanouissante. Il y a également dans cette libéralisation une illusion qu'il est bon de dissiper et qui consiste à croire que les femmes se sont approprié là un outil. Mais les moyens anticonceptionnels (sauf ceux qui sont totalement personnels et basés sur la connaissance du corps) ne sont en aucun cas la propriété collective des femmes : ils sont la chasse jalousement gardée des laboratoires pharmaceutiques, du corps médical, du pouvoir juridique et du pouvoir politique. Qui pourrait fabriquer sa ration contraceptive menstruelle dans sa cuisine ? Sur quel établi usiner un stérilet ? Seul un moyen contraceptif qu'elle maîtrise individuellement peut être perçu comme potentialité d'indépendance par une femme. L'exemple de la Roumanie, qui remonte au début des années soixante-dix, est à conserver précieusement au panthéon des traîtrises gouvernementales envers les femmes. Le seul moyen de contraception utilisé en Roumanie à cette époque étant l'avortement, il a suffi au gouvernement d'abroger le droit à l'avortement des Roumaines pour voir, pendant un à deux ans, le taux de fécondité remonter spectaculairement. Puis des réseaux clandestins se sont mis en place et le fameux taux a repris sa courbe initiale. Les jeunes Roumains issus de ce coup de force se souviendront longtemps de la chose : leurs mères ont accouché, faute de place, dans les couloirs des maternités et ils ont suivi leur scolarité dans des conditions désastreuses faute de locaux et de personnel. C'est une leçon à méditer avant de dire qu'un « outil de libération » est acquis aux femmes, quand il peut tout aussi bien se transformer en un moyen de pression redoutable. Redoutable parce que les femmes qui utilisent la pilule et le stérilet sont dispensées de l'apprentissage du fonctionnement de leur corps : quand on passe sa vie à fermer les yeux et à ouvrir la bouche pour gober un objet miracle, on ne sait pas ce qui se passe à l'intérieur de ses viscères. Tout est magique. A l'inverse, les méthodes les plus naturelles exigent une connaissance concrète des mécanismes biologiques. Utiliser un diaphragme, examiner les modifications de la glaire cervicale, noter une courbe thermique, c'est connaître son corps interne, les moments et les répercussions physiques du cycle menstruel. La maîtrise de la fécondité n'est pas le monopole des moyens de contraception « durs », elle peut aussi passer par une connaissance des mécanismes biologiques de l'ovulation. Quand elle est pratiquée avec une forte motivation, l'abstinence n'est pas un motif de détresse, de misère morale, c'est un temps du corps. Chaque mois est reconduit le choix de procréer ou non et sans faire de violence à l'organisme. Le corps ne doit pas être constamment à la disposition du désir sexuel. La fécondité aussi doit avoir sa place. Dans le consumérisme sexuel, la femme a tout à perdre d'elle-même, rien à gagner. Le choix est précisément celui-ci : faire alterner les moments du corps ou le soumettre tout entier à une pulsion unique. Sexualité et sexualité ou sexualité et fécondité. Lorsqu'on utilise une méthode naturelle, on est certes tenu à quelques jours d'abstinence — qu'on peut s'employer à réduire en cernant l'ovulation au plus près —, mais ce n'est pas au prix de l'occultation permanente du désir. Le désir est simplement différé ou différemment modulé.

La pilule et le stérilet permettent aux hommes de prouver sans répit leur puissance, mais ils répandent leur semence dans un tonneau des Danaïdes, cette folle générosité n'atteste jamais de leur puissance de vie, puisqu'elle n'est jamais suivie d'effet. Et, par un renversement de sens proprement magique, cette impuissance est tournée en virilité. Cela m'évoque, à ma courte honte car ce type de rapprochement anthropomorphique me semble toujours suspect, les observations faites par des biologistes (et citées dans *le Fait féminin*[1]) sur la sélectivité des femelles et la prodigalité des mâles en matière de reproduction. Les femelles choisissent avec le plus grand soin le mâle avec qui elles s'accoupleront, tandis que les mâles peuvent être facilement trompés par des leurres-femelles grossiers ou parader pour plusieurs femelles à la fois. Ainsi assureraient-ils la prodigalité aveugle nécessaire à la pérennité de l'espèce, pendant que le rôle des femelles consisterait à rechercher le géniteur optimal pour la race. Ce qui — abusivement je l'avoue — transposé à l'humanité expliquerait le plus fort investissement d'une femme dans une relation sexuelle, étant donné le mal qu'elle s'est donné pour dénicher un homme qui la satisfasse. Chacune de nous peut observer cet aveuglement des mâles, ce tempérament collectionneur à quoi la pilule permet un rendement optimal. Parallèlement, la sélectivité des femmes est mise à mal par le brouillage de la contraception totalitaire, et elles recherchent à travers des liaisons plus nombreuses l'homme — ou les hommes — qui ne regarderait plus à travers elles mais dont le regard s'arrêterait en vérité sur elles, personnes, totalités, êtres.

Cette exaspération de la sexualité comporte un symptôme que beaucoup de femmes ont dû admettre après plusieurs années d'utilisation continue d'un contraceptif oral :

1. *Le Fait féminin,* ouvrage collectif, Paris, Fayard, 1978.

c'est la baisse progressive de la pulsion sexuelle. Ainsi l'investissement total du corps par la sexualité sécréterait son propre antidote, et c'est là un des facteurs qui déterminent à coup sûr une femme à abandonner la pilule.

J'entends déjà les hauts cris que vont pousser les tenants du pansexualisme, les délirants désirants qui exigent l'amour charnel *hic et nunc*. Mais rien n'est plus simple : il suffit que l'homme apprenne à moduler son désir sur d'autres grandes orgues que le sacro-saint coït pour qu'une période d'abstinence se transforme en fête. Qu'il imagine des variations autres que la pénétration vaginale. On assistera peut-être à des célébrations étonnantes ! La baise n'est pas une fin en soi, c'est un moyen de connaître les gens qu'on aime ou qu'on aimerait aimer, de les honorer et d'avoir un peu moins peur des autres en prenant soi-même sa part d'amour. Alors, pourquoi ne pas modifier les rapports sexuels en fonction du moment du cycle ovarien des femmes ? Pourquoi non ? Serait-ce parce que en refusant de soumettre son corps à la contraception totalitaire par pilule ou stérilet, en accordant la priorité à son propre rythme, la femme mènerait ainsi le jeu des relations sexuelles en les acceptant seulement à des moments par elle déterminés ?

Quel serait l'objectif idéal à atteindre par les femmes en matière de contraception ? Sans se faire d'illusion révolutionnaire pour autant, ce serait la prise de pouvoir sur les moyens de reproduction, par la connaissance approfondie de leurs horloges biologiques internes. On aura beau améliorer les pilules, apporter des modifications aux DIU — dispositifs intra-utérins —, ils resteront ce qu'ils sont, des produits qui échappent au pouvoir des femmes et altèrent leur organisme et leur psychisme contre leur gré, contre leur corps.

La contraception concerne un peu moins de 12 millions de femmes en France. Les contraceptifs oraux sont utilisés par 2 800 000 femmes, soit 23,5 %, et les stérilets par 850 000, soit 18 % (chiffres 1978). Des chiffres plus récents (*le Monde de l'éducation*, mars 1981) donnent 27 % à la pilule et 9 % au stérilet, ce qui fait varier le pourcentage des utilisatrices de 41,5 à 36 %. La contraception locale par ovules et diaphragmes serait utilisée par 250 000 femmes. Ces chiffres sont de toute façon approximatifs et je ne les donne que pour fixer un ordre de grandeur. Il est quand même important de noter que 55 à 60 % des femmes n'utilisent aucun de ces modes de contraception, et qu'on ne saurait attribuer ce refus massif au seul conservatisme.

Il y a vingt-cinq ans, les médecins présentaient comme des produits inoffensifs des pilules contenant un taux de cent cinquante gammas d'œstrogènes de synthèse, taux dont certains d'entre eux disent aujourd'hui qu'il favorisait des désordres allant des troubles circulatoires graves aux tumeurs plus ou moins bénignes du sein et de l'utérus. Quelque temps après est apparue la seconde génération de pilules. C'était à nouveau la révolution mais l'argument de vente tenait à la critique latente de la précédente. En quelques années, le taux d'œstrogènes des pilules a été ramené de cent cinquante à trente gammas et chaque fois le changement s'est assorti de protestations d'innocuité. Les pilules actuellement commercialisées sont de trois types. La première catégorie groupe des pilules associant trois propriétés. Elles agissent au niveau de la glande hypophyse — l'émettrice du signal de l'ovulation —, au niveau de la glaire cervicale — véhicule de l'ovule, qui séjourne quelques heures dans les trompes de Fallope avant de descendre dans l'utérus —, et enfin au niveau de l'endomètre [1] — paroi de l'utérus qui se desquame lors des règles —,

1. Muqueuse de l'utérus.

qu'elle modifie de façon que l'œuf fécondé ne puisse nider. Une deuxième catégorie de pilules bloque seulement l'ovulation ; elle associe en prise alternée des œstrogènes et un progestatif, toujours obtenus par synthèse. Une troisième catégorie contient uniquement de la progestérone. Son action se situe au niveau de la glaire cervicale. C'est la micro-pilule. Certaines se prennent de façon continue, trente jours sur trente : pas de récréation.

Certains produits à base de progestatifs sont actuellement utilisés dans les pays en voie de développement. Est-ce à dire que les femmes ont elles aussi leurs sous-prolétaires de la contraception ? Sous forme de capsules, ils sont implantés sous la peau, avec une durée d'efficacité d'un an. Sous forme d'anneau de la taille d'un diaphragme, ils sont placés dans le vagin pendant vingt et un jours par cycle. D'autres progestatifs nécessitent une injection intramusculaire tous les trois mois. Tous ces produits sont des médicaments-retard qui peuvent provoquer des saignements anarchiques et des stérilités plus ou moins rémissibles, effets qu'on ne peut qu'observer sans les enrayer tant que le produit continue à se diffuser dans l'organisme.

L'objet de l'inventaire qui va suivre n'est pas de prononcer un réquisitoire sur les inconvénients physiologiques de la pilule. Je les cite simplement pour mémoire, tout en sachant que l'on va s'attacher à démontrer qu'ils sont faux ou dépassés. Mais qui pourrait s'y retrouver dans les témoignages et études contradictoires : que les hommes de l'art accordent d'abord leurs violons. De fait, quand bien même la pilule serait parfaite, je persisterais à affirmer qu'elle ne convient pas aux femmes par son principe qui est d'occulter totalement la fécondité et de retrancher une femme d'elle-même en altérant son fonctionnement ovarien et en hypertrophiant la sexualité.

Séparément, les médecins ont tous quelque chose à dire

sur la pilule. Collectivement, ils la défendent. Les gynécologues vous diront en confidence que les utilisatrices de pilules souffrent quelquefois de migraines à l'époque de leurs règles, mais que c'est un mal facile à soigner puisque son origine et son remède se confondent : il suffit de prendre la pilule en continu pour voir disparaître ces maux de tête. Les gynécologues sont également à même de constater la fréquence des infections vaginales sous pilule, et notamment des mycoses, trichomonases et autres champignons, dues à une modification du Ph et des glucides du milieu vaginal, modification qui altère l'odeur, l'aspect et l'abondance des sécrétions vaginales. Les prises de poids avec hyperlipidémie et les amaigrissements excessifs ne sont pas rares non plus. Aux gynécologues encore d'admettre que, après l'arrêt de la pilule, certaines femmes ne voient pas revenir leurs règles et que leur problème n'est plus d'éviter la conception mais bien de la provoquer. Les dermatologues vous avoueront que leur cabinet est hanté de femmes qui se promènent avec une petite tache rouge sur l'arête du nez, que certaines voient pousser des poils superflus ou perdent leurs cheveux, que d'autres encore sont affligées de chloasma (le masque de la femme enceinte). Les endocrinologues exprimeront quelques réserves sur les effets à long terme des hormones de synthèse. On sait que les hormones de synthèse favorisent l'apparition de troubles cardiaques et circulatoires graves à partir d'un certain âge, ou pour les fumeuses et les buveuses d'alcool dès l'âge de 35 ans. Les hormones naturelles d'un cycle non modifié protègent au contraire les femmes. On le vérifie *a contrario* après la ménopause où l'on constate que le taux d'infarctus des femmes rejoint celui des hommes après lui avoir été nettement inférieur. Les diététiciens soupireront que la pilule modifie le métabolisme basal et provoque des carences en vitamines. Combinées à celles de la pilule, les hormones contenues dans nos aliments peuvent occasionner des saignements en dehors des règles. Les gastro-entérologues savent que la pilule peut être à l'origine, par son action indirecte sur le foie, de vertiges, de nausées, de vomissements et de troubles digestifs. Enfin, les sexologues sont amenés à constater que leurs patientes viennent parfois se plaindre d'une baisse sensible du tonus sexuel ou d'une libido envahissante, de sécheresse vaginale et de dépression chronique.

Néanmoins, et nonobstant ces réserves, ces spécialistes attachés — ô combien chèrement — au bonheur des dames reprendront en chœur le refrain de la pilule moindre mal face au spectre de la grossesse indésirée. La femme serait « inéluctablement condamnée à la pilule », ce serait un phénomène « irréversible » et « un progrès accompagné de nécessaires pollutions » (S. Geller). Ils ajouteront perfidement que si les femmes souffrent de maux divers en prenant la pilule, c'est que des pesanteurs socioculturelles dont elles se croyaient affranchies resurgissent de leur subconscient : elles s'autopunissent par des symptômes qui relèvent bénignement de la psychosomatique. Le tour est joué, vers quelque horizon qu'elle se tourne, une femme est responsable de tout. De plus, dès lors qu'on cesse de la prendre, toute plainte au sujet de la pilule devient irrecevable.

Quand ils entendent contester la pilule, les médecins, fidèles en cela à leur pratique générale en matière de gynécologie et d'obstétrique, brandissent la pathologie lourde ou le cas rarissime. Il n'est alors question que de femmes qui ovulent à chaque rapport sexuel, de spermatozoïdes qui survivent plus de huit jours en milieu utérin. Ce sont les exceptions qui justifient la mise sous tutelle des femmes dont la santé est parfaite. Et comment font-elles donc les femmes qui entrent dans la liste des contre-indications avérées ? Les hyperlipidémiques avec antécédents familiaux, les hypertendues, les hépatiques, les diabétiques, les femmes à hauts risques cardiaques, vasculaires cérébraux, oculaires ou susceptibles de phlébites, les femmes atteintes de cancer du col de l'utérus ou du sein, les fumeuses, les buveuses. Elles prennent d'autres contraceptions. Les médecins les plus qualifiés, mais ils sont l'exception, répondront aux réserves faites sur la pilule qu'il suffit de donner un type approprié de pilule au type correspondant de femme pour limiter au plus près les inconvénients des contraceptifs oraux. Qu'ils me disent en même temps combien de médecins ont de réelles connaissances en endocrinologie et prescrivent conséquemment correctement la pilule. Qu'ils ne nient pas que beaucoup de médecins distribuent la pilule au hasard ou selon que leurs patientes veulent ou non des règles abondantes. Au nom de la compétence justement, des médecins ménagent annuellement des « fenêtres thérapeutiques », c'est-à-dire l'arrêt de la pilule. Selon leur confrère Jean Nicolas [1], cette pratique serait surtout une fenêtre ouverte sur 35 % des demandes d'avortement. Ce qui administre une nouvelle fois la preuve que les femmes habituées à prendre la pilule sont encombrées, quand elles l'arrêtent, d'un corps qu'elles ne connaissent pas et qui n'obéit plus à aucune norme. Signalons enfin que ce contraceptif parfait devient inefficace quand son action interfère avec celle d'autres médicaments : la rifampicine (antituberculeux), le Gardénal (et les antidépresseurs de la même famille), les antiépileptiques et les laxatifs à haute dose. J'oubliais l'ennemi numéro 1 de la pilule : l'oubli...

L'alternative médicale à la contraception orale est le stérilet ou dispositif intra-utérin (DIU) qui a un taux d'échec de 3 % environ. Le modèle le plus répandu est constitué de deux tiges de plastique dont l'une est recouverte d'un fil

1. J. Nicolas, *La Gynécologie quotidienne*, Paris, Hachette, 1980.

de cuivre. Le métal peu à peu libéré dans l'organisme empêche la nidation de l'œuf et exerce une action toxique sur les spermatozoïdes. Le stérilet empêche la nidation en écartant les parois de l'utérus et en irritant les tissus qu'il touche, provoquant l'apparition de globules blancs macrophages. En fait, personne ne sait avec certitude comment fonctionne le stérilet. On a découvert par hasard que l'aspirine en affecte l'efficacité par exemple. Sa pose est contre-indiquée en cas de malformation de l'utérus, de fibromes hémorragiques, de cancer de l'utérus, de béances de l'isthme, de règles très abondantes et, surtout, en cas d'infection. L'infection doit être éradiquée avant la pose du stérilet pour éviter une éventuelle stérilité. La salpingite constitue, par exemple, une contre-indication rédhibitoire. Le cas des perforations de l'utérus par stérilet, souvent évoqué lors de polémiques, est dû, selon Jean Nicolas (déjà cité et à qui ce passage doit beaucoup), aux médecins eux-mêmes, soit en fonction de conformation particulière de l'utérus, soit par manque de pratique ou de douceur. Certaines femmes, 12 % environ, rejettent le stérilet. Si elles ne s'en aperçoivent pas immédiatement, elles risquent bien évidemment une grossesse. D'autres souffrent de crampes utérines, d'hémorragies. Quand une grossesse survient, la femme peut soit avorter par méthode Karman, après extraction du stérilet, soit garder l'enfant, mais il arrive que les fils qui normalement dépassent de l'utérus aient disparu, on ne peut enlever le stérilet sans risquer alors de rompre l'œuf, ce qui provoquerait une fausse couche, de toute façon probable. Comme la pilule, le stérilet est l'enjeu de nombreuses controverses. Il serait selon les uns à l'origine de grossesses extra-utérines, ce que d'autres nient. Il pourrait être porté, quand il est en plastique, des années durant avec efficacité, mais il a été constaté par ailleurs qu'au bout d'un laps de temps assez long apparaît une tendance de l'organisme à enkyster l'intrus. Et, comme à l'habitude dans le domaine de l'obstétrique, une femme qui veut en savoir plus long doit mener son enquête pour pouvoir tirer quelques conclusions qui s'appliquent à son cas particulier, après s'être constituée comme cobaye à elle-même.

Outre les moyens contraceptifs « totalitaires » existent des méthodes locales.

Les spermicides, en crème, gelée, mousse, ovule, sont introduits dans le vagin au moment des rapports sexuels. On leur attribue de 5 à 15 % d'échecs et leur acidité provoque quelquefois des irritations et des allergies pour l'un ou l'autre des partenaires sexuels. Il faut en outre attendre six heures après un rapport pour pouvoir procéder à une toilette. Dernière réserve, leur goût diminue nettement le plaisir d'un rapport bucco-génital (cunilingus). Et comme dirait Louise Lacey (in *Lunaception*[1]) : « Peut-on mettre dans son vagin un produit qu'on ne mettrait pas dans sa bouche ? » Elle ajoute que certains spermicides contiennent une sorte de mercure organique qu'on peut retrouver dans les urines jusqu'à vingt-quatre heures après leur utilisation, mercure qui risque d'endommager les reins.

Au coït interrompu, ou retrait, on attribue 17 % d'échecs. Peu d'hommes maîtrisent leur éjaculation. Je sais que certains sages orientaux, pour garder intacte leur vitalité, parviennent par le *coïtus reservatus* à garder en eux leur semence, et, *via* les vésicules séminales, à la faire passer dans le sang, ce qui ne va pas sans risques pour la prostate. Nous sommes en France très éloignés de cette discipline de fer, et le coït interrompu est plutôt perçu comme une frustration par les deux intéressés. Il a le moindre défaut de condamner la femme à être sans pouvoir sur sa propre contraception.

Le diaphragme est une coupelle de caoutchouc qui se

1. L. Lacey, *Lunaception*, Montréal, Éd. L'Étincelle, 1976.

place devant le col de l'utérus avant un rapport et s'associe à l'utilisation d'un spermicide. Le taux d'échec est évalué entre 3 et 8 % et attribué au déplacement de l'appareil pendant les rapports. Un diaphragme se met en place trois heures avant l'acte sexuel et s'enlève de six à huit heures après, ce qui rend son usage relativement contraignant et exclut l'improvisation. Il a cependant l'avantage d'exiger de la femme une bonne connaissance de son corps et fait, paraît-il, l'objet de jeux sexuels par certains couples.

La méthode Ogino préconise l'arrêt des relations sexuelles quelques jours avant et après l'ovulation. Cet à-peu-près mécaniste conduit à 30 % d'échecs environ.

Les hommes ont quelques possibilités de contraception, qui restent encore très limitées.

Les préservatifs, ou capotes anglaises, ou condoms, se présentent sous forme d'étui où se glisse le pénis en érection. Les moins luxueux sont en caoutchouc, les plus évolués sont en peau de chevreau et d'un contact agréable. Leur utilisation est associée à celle d'un spermicide.

Un type nouveau de contraception vise à réchauffer le scrotum. En effet, si les bourses sont descendues, loin de la chaleur du corps, c'est que les spermatozoïdes se conservent mieux à une température plus basse. Des biologistes ont donc imaginé de les réchauffer par un slip chauffant. On avait auparavant noté des cas de stérilités masculines dues au port de jeans très serrés. L'écueil de cette méthode, semblable en cela à d'autres méthodes expérimentales, est que le nombre des spermatozoïdes, pour être réduit, n'est pas nul et que la conception reste possible.

La pilule anticonceptionnelle pour homme est actuellement en cours d'expérimentation, notamment à l'hôpital Tenon à Paris. C'est à mon avis une sujétion tout aussi coercitive pour l'homme que pour la femme. Alors pourquoi souhaiter que les hommes s'engagent aussi sur ce chemin-là ?

D'autres techniques existent, qui s'utilisent après les rapports sexuels et tentent d'éviter l'avortement.

La pilule du lendemain doit être prise 72 heures au plus après un rapport susceptible d'être fécondant. Elle engendre des réactions secondaires importantes : migraines, nausées, vomissements, et ne doit être utilisée que pendant cinq jours maximum. Le dosage d'une telle pilule, cinquante fois supérieur en œstrogènes à une pilule ordinaire, limite son emploi à l'urgence. Autre réaction secondaire non négligeable, les règles peuvent quelquefois tarder à réapparaître.

L'induction des règles, ou extraction des règles, consiste à introduire une fine canule à l'époque présumée des règles. Le contenu de l'utérus est aspiré en quelques minutes. Cette méthode a deux avantages : le premier est d'éviter un abortif chimique que l'organisme met des mois à éliminer ; le second est de laisser la femme dans le doute sur le fait qu'elle était ou non enceinte, ce que l'avortement ne permet pas. Mais je doute qu'une telle méthode puisse sans inconvénient se répéter souvent et servir de méthode contraceptive proprement dite. Elle est utilisée par des groupes de « self-help » en Italie et aux États-Unis, où certaines femmes, comme je l'ai déjà dit, l'utilisent pour ne pas voir leurs règles, ce qui les privent d'un plaisir fort goûté par d'autres.

Outre ces deux méthodes, il ne reste plus que l'avortement, rebaptisé IVG (interruption volontaire de grossesse) pour faire moins sanglant, par nos technocrates de service qui faute de changer la chose changent le mot. Le curetage, souvent désastreux pour l'endomètre, couramment pratiqué autrefois, a laissé la place à la méthode par aspiration qui consiste à dilater progressivement le col de l'utérus au moyen de canules (les bougies), puis à vider le contenu de l'utérus par aspiration.

Ceux qui veulent en finir une fois pour toutes avec les problèmes occasionnés par leur fécondité peuvent avoir recours à la stérilisation (s'ils vont ailleurs qu'en France, où, sauf indications thérapeutiques strictes, elle est assimilée à des coups et blessures volontaires).

On pratique sur les femmes la ligature ou la cautérisation des trompes de Fallope. L'ovulation continue de se produire, mais l'ovule ne peut plus rejoindre l'utérus.

Pour les hommes, la stérilisation, nommée vasectomie, consiste à ligaturer les deux canaux déférents. Le sperme, formé en aval, ne contient plus de spermatozoïdes, mais l'érection et l'éjaculation se font comme auparavant.

La stérilisation présente l'énorme inconvénient d'être en théorie réversible et en pratique irréversible. Selon la revue américaine *Population Report*, parue en avril 1981, 100 millions d'hommes et de femmes sont stérilisés dans le monde, soit le tiers de la population pratiquant la limitation des naissances, dont 40 millions en Chine, 25 millions en Inde, et 4,5 millions en Amérique latine. 21 pays ont libéralisé les lois concernant la stérilisation volontaire. Je reviendrai plus loin sur ce totalitarisme d'un *nouveau genre*.

Dans les cas où elle est inévitable, nul doute qu'il faille s'accommoder de la stérilisation, mais pourquoi y procéder à seule fin de cesser d'être fécond quand on pourrait le rester ? La fécondité n'a rien à voir avec la conception proprement dite d'un enfant et tout à voir avec le potentiel de vitalité et de désir de chacun. Alors, pourquoi ne pas s'habiter tout entier ?

Si j'arrête mon tour d'horizon par la méthode des températures, c'est parce que cette méthode, la plus vilipendée, est la mienne. Couplée en début de cycle avec l'examen de la glaire cervicale et l'utilisation de spermicides (je n'ai pas trouvé mieux et je limite leur emploi aux trois jours précédant l'ovulation), elle me permet d'intervenir le moins possible sur le fonctionnement de mon organisme.

La méthode des températures consiste à noter sur un graphique la température rectale prise chaque matin au réveil et à la même heure, en prenant comme premier jour le premier jour des règles. Régulièrement réglées, les femmes peuvent situer leur ovulation en milieu de cycle, vers le quatorzième jour. Au début du cycle la température reste inférieure à 37°C, vers le treizième ou quatorzième jour, pour les femmes réglées à 28 ou 29 jours, on observe une montée suivie d'une forte baisse, qui, accompagnées d'une sécrétion vaginale abondante de glaire cervicale très filante, indiquent le moment de l'ovulation, qui est aussi celui de la fertilité. Certaines femmes sentent le moment où l'ovule quitte l'oviducte pour s'engager dans la trompe de Fallope, moment nommé *Mittelschmerz* (douleur du milieu) et qui peut, en effet, occasionner une légère douleur abdominale. Vers le dix-septième jour, la température se stabilise au-dessus de 37°C et elle s'y maintient jusqu'à ce que la chute de progestérone la fasse baisser, indiquant la proximité des règles. Et le cycle recommence.

L'inconvénient de cette méthode est qu'on ne peut savoir avec précision la date de l'ovulation qu'après qu'elle s'est produite. L'autre inconvénient est qu'on ne sait jamais combien de temps survivent les spermatozoïdes après un rapport sexuel. Ce qu'on sait, c'est que l'ovulation rend une femme féconde pendant six à douze heures et que les spermatozoïdes survivent trente-six heures environ. Dans des cas heureusement rarissimes, ils peuvent être actifs jusqu'à six jours. D'où la nécessité de se protéger avant l'ovulation. Après la montée de température, il n'est plus nécessaire de prendre aucune précaution.

L'idéal serait de savoir avec précision la date de l'ovulation pour limiter ou augmenter les possibilités de conception et pour pouvoir reprendre dès que possible les rapports sexuels complets.

Deux autres méthodes, couplées à la méthode des températures, me semblent de nature à établir avec davantage de certitude la période de l'ovulation, et donc à réduire le temps d'incertitude.

La méthode Billings [1] est centrée sur la surveillance de la consistance de la glaire cervicale sécrétée par la muqueuse du col utérin : pendant la période préovulatoire, inféconde, elle est collante et grumeleuse, pendant la période ovulatoire, féconde, elle est claire et filante. Pour le constater, il suffit d'introduire l'index et la majeur dans le vagin et d'examiner ensuite à la lumière la glaire recueillie entre les doigts séparés. Les rapports sexuels sans protection sont à éviter dès l'apparition des glaires préovulatoires et jusqu'au quatrième jour après l'émission de la glaire cervicale proprement dite.

La méthode préconisée par Louise Lacey, et relatée dans son livre *Lunaception*, est également pleine d'intérêt.

Cette femme, qui n'est pas médecin, s'est appuyée sur une étude du Dr Dewan, publiée en décembre 1967 dans la revue *American Journal of Obstetrics and Gynecology* [2]. Les travaux de Dewan sont basés sur l'alternance de lumière et d'obscurité et son influence sur les horloges internes des organismes biologiques. Il appliqua au cycle d'ovulation l'alternance lumière/obscurité similaire à celui de la lune. Son premier sujet d'expérience fut son épouse, qui avait un cycle menstruel variant de 33 à 48 jours. Il laissa une lumière allumée les 14, 15, 16 et 17e nuits de son cycle

1. John et Evelyne Billings, *Méthode naturelle de régulation Billings*, Paris, Apostolat des éditions, 1976.
2. E. M. Dewan, « On the possibility of a perfect rhythm method of birth control by light stimulation », *American Journal of Obstetrics and Gynecology*, vol. XCIX, n° 7, 1967.

menstruel. Les deux cycles consécutifs à l'expérience furent de vingt-neuf jours. D'autres femmes confirmèrent les premiers résultats obtenus par Dewan. Louise Lacey, après avoir adapté la méthode, l'expérimenta avec 29 autres femmes. Sur un total de 344 cycles menstruels, il y a eu 2 grossesses non désirées, l'une due à des rapports sexuels au moment de l'ovulation *(nobody is perfect)*, l'autre après un accouchement. A part une femme, les 28 autres ont vu leur cycle se régulariser peu à peu et ont pu connaître avec certitude leur date d'ovulation.

La règle à suivre est de noter la température à heures fixes, une ou deux fois par jour, et de dormir dans une totale obscurité. Les 14, 15 et 16e nuits, pour provoquer l'ovulation, on allume une lampe dans la chambre, d'une puissance de 15 à 25 watts et à lumière blanche. Il y faut une ténacité de plusieurs mois et une vie régulière. Il faut aussi s'abstenir à chaque cycle d'avoir des rapports sexuels avec pénétration pendant une période d'une semaine environ. Mais ensuite on n'a plus besoin de personne pour contrarier les rythmes organiques avec un produit chimique ou un appareil intra-utérin.

S'il est une retombée importante de la contraception totalitaire, c'est la capacité individuelle maintenant acquise de gérer la crise économique traversée par le système. Le faible taux de reproduction des générations actuellement fertiles cadre très bien avec la diminution de main-d'œuvre nécessaire à la restructuration entreprise depuis les années soixante-dix par le patronat français. Et là, cette fameuse liberté octroyée aux femmes par la contraception trouve ses limites. La pilule aurait auguré une ère nouvelle où le plaisir serait reconnu avec pour corollaire une désaffection croissante pour le travail comme fin en soi ? Je crains que non. Ce que je crois, c'est que la notion de travail se détériore parce que toute expérience humaine est niée en tant que richesse utile à tous. 2 millions de chômeurs, dont une respectable proportion de femmes, sont là pour en témoigner. Dans son livre, *le Sucre et la Faim*[1], Robert Linhart établit un parallèle entre la diminution des paysans du Nord-Est brésilien sous contrat, et donc engagés dans un processus de déqualification, et le nombre croissant des hors-statuts (vacataires, sous-traitants, etc.) en France. A partir des années soixante-dix justement, il nous a été présenté comme une liberté de pouvoir travailler au jour le jour, de n'avoir aucune attache d'aucune sorte, et les marginaux n'ont pas été les derniers à promouvoir cette idéologie de la rupture. Mais il se trouve que cette aspiration à la « liberté » rejoignait opportunément la tendance patronale : avoir le moins possible de frais fixes dus aux salariés permanents ; isoler au maximum chaque individu dans une sphère étanche. Que défrichait donc l'avant-garde gauchiste par cette idée de liberté si ce n'est qu'elle agitait, involontairement et selon un idéal que j'ai partagé, un mirage où scintillait l'alibi de la libre entreprise individuelle. Dans les faits, les entreprises dégraissaient au maximum leurs effectifs tandis que naissait à travers de nombreuses initiatives l'illusion qu'une marge « libre » pouvait vivre et même se développer de façon indépendante, mais, en réalité, dans l'ombre des grandes entreprises et des retombées de leurs richesses. La contraception absolue a fait miroiter les mêmes promesses, mais quels droits effectifs en ont reçus les femmes, si ce n'est l'aménagement plus facile du partage institutionnalisé du salariat dans ce qu'il a de plus limitatif pour la vie des personnes ? Dans les années soixante-dix toujours, des femmes se sont élevées contre l'usage de la pilule. Cette révolte s'est manifestée très for-

1. R. Linhart, *Le Sucre et la Faim.* Paris, Éd. de Minuit, 1980.

tement quand le Mouvement était à l'apogée de sa radicalité. Elle s'est ensuite estompée au fur et à mesure de l'encadrement du Mouvement par une myriade de petites fractions jusqu'à son ossification finale en une marque déposée. Ce qui prouve une fois de plus que pilule et normalisation font bon ménage.

Il est également de bon ton de s'extasier sur l'explosion de liberté sexuelle à laquelle on assisterait depuis quelques lustres et de l'imputer à la contraception. Il faudrait même y voir un paradoxe : le pouvoir aurait peur de l'émancipation sexuelle et s'en trouverait menacé. C'est confondre, à mon sens, les tenants de tabous archaïques, dispersés dans toutes les classes sociales, et les réels intérêts du pouvoir qui, par cette focalisation sur la sexualité, a libéré une plus grande marge de manœuvre dans d'autres champs, notamment politique et économique, et y a agi selon la conformité de ses intérêts propres, tout en émettant des professions de foi démocratiques, du fait qu'il intervenait peu dans le champ des mœurs.

En Occident, il n'est pas besoin de rendre obligatoire la contraception « dure » pour qu'un grand nombre de femmes l'adopte : les chemins indirects menant à l'intériorisation d'une telle pression sociale sont maintenant en place par autocensure, conditions de vie et médias interposés. Dans des pays à forte démographie, comme l'Inde et la Chine où l'idéologie n'a pas les mêmes relais sociaux, les gouvernements ont fait de la contraception une obligation légale, ce qui a conduit 40 millions de Chinois et 25 millions d'Indiens à être des stérilisés « volontaires ». Il existe en Chine un quota maximal d'enfants, au-delà duquel la famille est punie par divers moyens coercitifs. Le résultat de cette contraception de masse, de cette belle « maîtrise de la fécondité » comme disent nos médecins, est que les petites filles font les frais de cette entrave à la liberté des personnes. La pérennité familiale des paysans chinois reposant sur la naissance d'un garçon, on assiste à une hécatombe de filles premières-nées. Placage moderne sur structures archaïques égale répression accrue pour les dominés, soit en l'occurrence les femmes. Ce que les médecins scientistes définissent comme une innovation remettant en cause l'ordre du monde s'enlise en réalité dans des structures où elle devient un symptôme d'involution. Dans d'autres pays, l'Iran, l'Arabie Saoudite, les naissances sont à l'inverse encouragées. Mais le principe reste le même : se reproduire ou ne pas se reproduire en fonction des planifications étatiques nie absolument l'histoire des individus. Il n'est pas sans intérêt de constater qu'en France la classe la plus attachée à la contraception totalitaire est la classe moyenne. Plus les gens sont « responsables », c'est-à-dire plus ils font les concessions nécessaires pour se maintenir au niveau social où ils sont parvenus, et plus ils s'enrégimentent eux-mêmes dans la résolution individuelle et autorépressive de problèmes structurels globaux. Il s'agit pour les classes moyennes de ne pas se laisser davantage distancer par la crise. Aussi aucun hasard n'est-il toléré dans la programmation du vivant : contraception lourde, monogamie, enfants planifiés, repliement social, épargne, retraite... Il n'y aura que la mort pour déranger cette belle ordonnance. La modernité de ces classes moyennes consiste à intérioriser les éléments les plus castrateurs d'initiative personnelle. La classe ouvrière (elle existe, *cf.* l'ouvrage de Jacques Frémontier, *la Vie en bleu*[1]) aurait trouvé une parade à cette dépossession par la contraception sûre à 100 %. Cette forme de résistance est le coït interrompu. Son moindre défaut est d'être, dans un domaine qui regarde les femmes, essentiellement masculine. La femme se trouve « assujettie » : la maîtrise que l'ouvrier n'a pas dans le domaine de la production, il la

1. J. Frémontier, *La Vie en bleu*, Paris, Fayard, 1980.

récupère, en quelque sorte, dans le domaine de la reproduction. Frémontier parle à propos de la pratique du coït interrompu en milieu ouvrier « d'une mise en ordre des " débordements " du désir ». Si je suis d'accord avec lui sur le fait que, en effet, il constitue une pratique d'autorépression, je ne partage pas l'énoncé sous-jacent qui renvoie à l'utilisation d'une contraception « moderne », c'est-à-dire à la pilule ou au stérilet. Je ne partage pas non plus cet autre énoncé sous-jacent que toute contraception naturelle est un archaïsme. La qualité d'une vie ne gît pas dans la quantité de rapports sexuels qu'on entreprend, mais dans la qualité des relations humaines : l'abstinence n'est à cet égard ni une vertu en soi, ni un spectre horrible. C'est seulement l'exercice d'un choix qui consacre une période de la vie à la sexualité (souhaitée la plus étendue possible) et une autre à la fécondité (en lui consacrant ce qu'il faut de temps sans plus), mais un choix qui respecte, contrairement au coït interrompu et aux moyens de contraception totalitaires, le rythme propre aux femmes.

Les idéologues du système capitaliste, ceux du système socialiste aussi d'ailleurs, professent que la maîtrise de la nature est quasiment chose acquise. Néanmoins, la reproduction humaine se fait encore, et quel bonheur, artisanalement, et reste semblable à elle-même depuis quelques milliers d'années, même si elle semble fonctionner différemment selon les divers prismes socioculturels qui en régissent les travaux d'approche. Ce qui a changé, c'est que le contrôle des naissances s'exerce par une contraception totale au lieu de passer par la mortalité infantile, l'avortement, l'exposition, la chasteté, l'infanticide. Ce qui a changé aussi, c'est la place assignée à la femme. Son entrée dans la grande famille salariée a modifié sa condition. Le fait de travailler ne lui a pas donné un statut meilleur. Il a simplement juxtaposé plusieurs aliénations ; aliénation aux machines, aliénation à la procréation, aliénation à l'homme, en ce que la femme assure quand elle est mariée — ce qu'elle est majoritairement — la reconstitution de sa force de travail par celle de ses besoins humains. Constituant une proportion grandissante des salariés, elle est employée (comme les jeunes adultes et les immigrés) à des travaux de surveillance, de contrôle, de fabrication à la chaîne, à une cadence sur laquelle elle n'a nulle prise ; elle est faiblement rémunérée et a peu de chance de voir évoluer en hausse sa situation financière et son poste de travail [1].

Pour que les femmes puissent aller travailler, on a assisté peu à peu au développement des crèches, cantines et garderies, et à l'admission de plus en plus précoce des enfants en maternelle. Les enfants de trois ans sont actuellement scolarisés à 100 % ou presque. Les crèches sont ouvertes au compte-gouttes et constituent ainsi un régulateur efficace de main-d'œuvre. Si les employeurs n'ont plus besoin d'elles, les femmes sont les premières à être licenciées. Quand elles travaillent, leurs patrons les veulent stériles : l'enfant serait une source d'absentéisme, de rendement plus médiocre. La société, bien qu'elle s'en défende, voit son intérêt dans la vulgarisation de la contraception en ce qu'elle facilite la programmation des corps ; nulle philanthropie ici mais un silence imposé au corps parce que son existence même contrarie la productivité. Il y a parallèlement une fraction de l'État qui s'inquiète de la dénatalité. Cette fraction a pour fonction la planification, et, faute de se résoudre à la répartition des richesses, elle pense la natalité en termes d'accroissement géométrique de la population (*cf.* Debré, Chaunu, Sauvy et consorts). On voudrait là contraindre les femmes à procréer, sans se

1. Sources : INSEE, in *Économie et Statistiques*, n° 131, mars 1981.

soucier de savoir ce qu'il adviendrait de ces enfants indé-
sirés, du coût humain, affectif, d'une telle violence faite
aux femmes. Qu'il produise ou qu'il planifie, le pouvoir
tend à réduire les femmes à leur fonction reproductrice en
les empêchant de l'exercer ou en les contraignant à le
faire. dans la problématique de la crise démographique, la
crise économique constitue un des éléments clés[1]. Un
ouvrier vit actuellement quinze à vingt ans de plus qu'il y
a quarante ans, soit une génération de plus. Les femmes
qui travaillent sont, par le fait, menacées par leur propre
progéniture : qu'elles produisent des enfants, et les voilà
écartées, en amont quand elles sont enceintes, en aval
quand elles vieillissent, du cycle de production et de la
relative indépendance que leur salaire leur procure. Si
elles produisent des enfants, elles seront, ce qu'elles sont
aujourd'hui, confrontées à la concurrence des jeunes gens
sur le marché de l'emploi. Beau résultat de l'organisation
engendrée par le capital qui divise tout, y compris les individus à l'intérieur d'eux-mêmes. Vue sous cet angle, la
contraception s'institue comme la ligne de moindre résistance, le pauvre choix de l'aliénation la moins insupportable. En consacrant toutes ses forces à gagner sa vie, le
salarié signe la mutilation de son être, en se déclarant
libre. Dire que la contraception, et l'avortement, sont une
libération, c'est dire aussi que les femmes seraient auto-
nomes et auraient pouvoir de résoudre individuellement
ce qui est en réalité un problème de société. Or, notre société
soumet chaque individu à ses nécessités, elle ne respecte
ses besoins humains fondamentaux que dans d'étroites
limites, celles de la continuation du système tel qu'il est.
Le choix consiste à peser ceci : à quelle aliénation se soumettre et quelles conséquences en découleront ? L'avorte-

---

1. Sur ce sujet, consulter la brochure : *Avortement et pénurie*, ouvrage collectif, Paris, 1973 (ronéotée), sur laquelle une partie de ce travail s'est appuyée.

ment et le regret de sa mutilation. La procréation et les sacrifices qu'elle demande à toute femme. La contraception est un progrès dans le sens où elle permet de résoudre moins douloureusement les problèmes matériels posés par la reproduction ; elle est une régression au sens où elle est la mise entre parenthèses d'une partie fondamentale, humaine, de l'identité féminine. Ce « parlement intime » où chaque femme jouerait son corps et sa vie fait le pendant à la démocratie des partis où les choix se font en fonction de critères économiques ou politiques qui n'ont rien à voir avec le sort des humains dont ils sont censés être la représentation. Les salariés ne choisissent pas leurs conditions de travail ni d'existence : ils les modulent le moins mal possible. C'est ainsi que les femmes des couches populaires « choisiront » plus fréquemment l'avortement tandis que les femmes des couches moyennes planifieront leur avenir matériel au moyen de la pilule ou du stérilet. Ce n'est nullement par un complot machiavélique que nos sociétés parviennent à réduire la population quand le besoin s'en fait sentir du point de vue économique, c'est chaque femme qui, au niveau de ses besoins de survie immédiate, est amenée à procéder elle-même à ce choix. Si elle veut continuer à gagner sa vie, elle doit avoir moins d'enfants et donc accepter soit le principe de l'avortement, soit celui de la contraception. La crise démographique qui affecte la France et les autres pays occidentaux est, parmi d'autres, le reflet de la crise économique ; le niveau technique auquel sont parvenus ces pays exige la réduction de la main-d'œuvre pour obtenir une productivité accrue. Cette production, effectuée à un coût moindre, ne trouve pas de débouchés vers les pays industriels, qui se protègent, ayant eux-mêmes fort à faire pour rester compétitifs ; elle n'en trouve pas davantage vers les pays non développés qui ont un pouvoir d'achat trop bas ; elle n'en trouve encore pas sur le marché intérieur où les consommateurs potentiels soit résistent à l'érosion de leur pouvoir d'achat, soit sont réduits par le chômage à ne plus rien acheter du tout.

C'est ainsi que les femmes sont amenées à singer l'homme en apprenant à survivre dans l'avoir et en oubliant qu'elles peuvent donner de l'être. Le travail salarié, donné comme un épanouissement de la personne, est en fait sa condamnation à cesser d'être proprement humain. Le divorce est maintenant consommé entre les besoins du système et sa perpétuation, et les besoins propres à l'humanité et à sa perpétuation. L'espèce humaine se fixe dans une phase où elle va se révéler incapable de continuer à se perpétuer parce qu'elle devient étrangère à elle-même et qu'elle finit par se confondre avec ce qu'elle produit, par se prendre pour une chose.

Contrairement à ce que j'avais longtemps pensé, et ma pratique de journaliste m'y encourageait, une information même idéalement diffusée ne changerait pas cet état de choses, ce sont leurs conditions de vie qui dictent aux femmes leur conduite. De l'extérieur, les spécialistes les interprètent comme le « poids de l'archaïsme » ou comme les « résistances socioculturelles inconscientes ». Et, en effet, ces spécialistes ont intérêt à ce que l'information passe le mieux possible, il y va de leur survie économique et idéologique. Sociologues portant leurs sondages en sautoir, niant les individus pour analyser les motivations d'entités qui n'existent pas. Psychanalystes, mécanos des psychismes en déroute et appliqués à la réinsertion des individus, même si pour ce faire leurs patients doivent marcher sur la tête quand leur névrose disait la vérité sur la folie de notre société. Médecins, gestionnaires depuis deux siècles de la normalisation par l'hygiène corporelle et mentale de la population et dont l'ingérence va au plus près de la vie des femmes. Ce n'est pas le moindre succès pour tous ces idéologues que de faire intérioriser par ceux-là mêmes qui devraient les refuser des choix qui sont totalement étrangers à leur être, à leurs besoins humains. Bientôt, le système démocratique par élections ne sera plus même nécessaire, l'autogestion des corps et des consciences sera portée à son optimum, les individus ne tendant plus qu'à produire des biens au déni même de leur humanité. Ils s'auto- et s'entre-surveilleront afin que la vie ne soit plus un obstacle au ronronnement des machines et des planifications. Il n'est besoin pour illustrer cela que de constater qu'un même individu peut dans une même journée s'exprimer tour à tour en tant qu'ouvrier, femme, homosexuel, jeune, immigré, et, à l'intérieur de ces catégories, en tant que femme libérée, immigré de telle nationalité et couleur de peau, jeune chômeur, étudiant, locataire, etc. La liste est interminable des subdivisions des individus. Les femmes, après d'autres catégories sociales, ont été appelées à s'exprimer sur leurs « problèmes de femmes », expression canalisée par des « militants », politiciens professionnels, médecins, avocats, sociologues, qui collectent et coordonnent les aspirations féminines, puis recueillent les fruits de ce travail en établissant des chapelles idéologiques, rackets qu'ils conservent ensuite jalousement. Ces parcelles « libérées » font l'économie d'une analyse globale et entérinent par leur existence l'éclatement intérieur des personnes déjà inféré par le salariat à l'origine. Les femmes ne trouveront ici de libération que le mot vidé de son sens. Cette libération consiste en l'infinie parcellisation de leur corps. Le créneau marchand et idéologique de la libération politique est géré par les partis politiques dans et hors le Parlement. Celui de la vie organique est géré par les médecins et assimilés. Celui de la vie psychique par les psychanalystes et autres ambulances psy. Le créneau de la féminitude est géré par les groupes intellectuels féministes, par sectes, cercles, films, livres, brochures, journaux. Chacun est tenu d'adhérer à un groupe, de s'adonner à une occupation, où il travaillera à trouver la voie de sa « libération » personnelle, qui ne sera en fait que l'investissement de la totalité de son temps personnel en temps social.

Les plus ardents militants sont souvent issus des classes moyennes, qui trouvent dans cet investissement social un sursis à la disparition dont la crise actuelle les menace. Mais leur reconversion dans les sciences humaines ne leur servira à rien : ils n'auront défriché qu'au seul profit de l'État les vierges territoires du Far West social. Ils seront quand même les prochaines victimes désignées par la crise. Ce sont des gens de bonne volonté, ils s'autodésignent comme recours progressiste. En vérité, ce qu'ils font, c'est, en permettant l'expression détaillée des besoins humains, de faciliter la mise en place des réformes qui prolongent la société sous sa forme actuelle. Cette multitude fragmentaire de militants pour le changement produit le contraire de ce qu'elle dit désirer, à savoir l'autogestion pour l'État des corps et des consciences, l'intériorisation en chacun de l'idée d'État-père « indispensable » à toute organisation humaine. Au fur et à mesure que les humains se retranchent de leur humanité et se séparent entre eux, on assiste parallèlement à l'atrophie du maternage par la prise en charge de plus en plus précoce de l'enfant par l'État. Comme l'adulte, l'enfant dispose actuellement d'un temps extrêmement réduit pour conduire sa vie lui-même et élaborer des conduites ou une réflexion personnelles. L'État-père/mère tient lieu de famille et transforme chaque individu en larve assistée. C'est à cet endroit qu'États capitaliste et socialiste peuvent être renvoyés dos à dos.

Nous vivons dans un monde mortifère qui nous donne le seul choix d'aménager notre vie, non en fonction de nous-mêmes mais en fonction des finalités économiques de notre forme de société, de production, d'État. La vie sociale se fait encore à partir d'une base naturelle, les humains n'ont pas encore réussi à se passer de se nourrir, de dormir, de s'accoupler. Mais cette base naturelle est réduite au minimum, et l'exemple de la contraception l'illustre clairement. Cette nature dont l'homme cherche à exprimer totalement les richesses, qu'il ravage sans égards, la femme, même engagée dans le processus de la production, ne peut l'oublier de la même façon. A elle, la nature se rappelle sûrement : règles, grossesse, ménopause, avortement, contraception, elle sait par son corps les séparations multiples que sa situation de femme et de salariée lui impose. Le rythme du produire ne peut oblitérer complètement en elle d'autres rythmes irréductibles à la production machinale. Si elle ne le renie pas, le corps d'une femme peut rester le témoin révolté de l'inacceptable condition salariée.

La pilule arrivait à point nommé dans notre époque de dévoration incessante. Elle introduit l'abolition du temps du corps, comme le stérilet, comme toute contraception imposée au corps à tout moment du cycle ovarien. Les relations sexuelles n'instaurent plus un rapport privilégié entre les êtres ou n'exigent plus une lente maturation, il s'agit simplement d'une transaction qui s'effectue ou non. Aucun investissement de temps pour une relation qui, en termes strictement charnels, ne rapporte rien. Chacun peut faire l'économie de l'apprentissage de l'autre. La contraception impose la domination du champ de la sexualité sur les autres temps du corps. Ce qui est présenté comme une sécurité, une libération, est de fait un blindage mental et physique, où se perdent d'autres aspirations. A travers le silence du corps imposé par la contraception aux femmes se profile déjà l'occultation de la fécondité, ce qui est une façon de défigurer la sexualité. Programmer les enfants, baiser sans projet, se débarrasser des règles : le futur est déjà là et il n'est pas prometteur, ce n'est pas l'homme nouveau qu'il annonce mais la disparition de l'humanité en son aspect double, la disparition de ce qui jusque-là l'avait précisément empêché de régresser à l'état de chose. Nous en sommes au point où des femmes, nombreuses, se sentent en tout point semblables aux hommes.

Frédérique.

Je ne crois pas qu'il y ait un rythme particulier aux femmes. En tout cas, avant la puberté et après la ménopause, ça ne fait pas de différence avec les hommes. Pour moi, les règles ont été un repère pour voir si j'étais enceinte ou pas, c'est tout. Je n'avais pas d'autre repère, je ne calculais rien. Je faisais l'amour quand j'en avais envie, c'est tout. Si elles ne venaient pas, c'est que j'étais enceinte, si elles venaient, c'étaient une délivrance.
J'utilise la pilule depuis l'âge de dix-neuf ans, et j'ai trente et un ans. Je n'ai utilisé aucun autre moyen et ça ne me pose aucun problème. La pilule évite aux femmes d'être tout le temps à l'écoute de leur matrice. La contraception orale ou la suppression des règles ne m'apparaissent pas comme une solution absolue mais provisoire. Je ne crois pas au progrès en tant que tel, je crois qu'il y a des outils qui aident à passer certains caps et d'autres pas.

Ne plus « écouter sa matrice », « passer des caps » qui durent une dizaine d'années tout en disant qu'on a fait l'amour quand on en avait envie : s'oublier à ce point-là, n'est-ce pas se placer soi-même entre parenthèses au seul profit du désir masculin ?
D'autres femmes ont une idée différente de l'avenir.

Véra.

J'ai pris la pilule très peu de temps, et quand j'avais un stérilet, je me sentais comme un légume. Le stérilet est un supplice par le fer, il fonctionne *a contrario*. C'est un bouchon qui impose silence au corps. Avoir un enfant n'a rien à voir avec une décision. Quand j'ai pris la pilule, je n'arrivais pas à le faire régulièrement, j'oubliais, ce qui provoquait des désordres physiques. Je n'arrivais pas à me programmer sur vingt-huit jours. Il y a là une idée de rentabilité du temps et de la sexualité, un asservissement de la femme au procès de reproduction. L'élan vital s'en trouve modifié, l'image qu'elle a d'elle-même dans la société également. Elle est, et elle n'est pas, comme un homme. Si tout enfant qui naît est considéré comme une richesse, si toute femme qui entreprend une relation sexuelle le fait aussi dans la perspective de concevoir un enfant, elle se sentira totalement responsable des relations qu'elle entreprend. Mais il se pose alors le problème des structures d'accueil et il est carrément utopique dans la barbarie ambiante d'imaginer que cela devienne possible sans une modification radicale des structures actuelles.

Le grand mythe véhiculé par la contraception est que la facilité de contact entre hommes et femmes, débarrassés de leur encombrante fertilité, aurait grandement augmenté la liberté des femmes et accéléré leur égalité avec les hommes. En l'absence de changement profond des rapports sociaux et économiques, rien n'est plus faux. La liberté que les femmes ont pu obtenir n'est pas due à la contraception de masse, mais à plus d'un siècle de luttes acharnées et à la conjonction de ces luttes avec le besoin croissant de l'économie en main-d'œuvre féminine sous-qualifiée et sous-payée, besoin qui a conféré aux femmes une étroite indépendance économique.

L'égalité de la contraception ne nous est guère disputée que par une infime minorité d'hommes. Ils préfèrent présenter la contraception en tant que voie royale d'accès à la libération entendue comme assimilation au statut masculin.

Serge.

S'il est une finalité pour l'humanité, c'est précisément de s'éloigner le plus possible de la nature. La technique au service du plaisir est toujours accusée de tous les maux. L'instrumentalité conceptionnelle fait simplement que la médiation est de plus en plus sophistiquée. Pour moi, cela me semble l'hominité des hommes et des femmes de pouvoir faire l'amour quand on en a envie sans risquer de procréer. Cela me semble une gigantesque liberté que de dissocier sexualité et fécondité. C'est aussi important que l'écriture et cela marque le sceau de l'humaine condition. Il reste que certains modes de contraception peuvent être considérés comme plus contraignants et, certes, la contrainte est pour la femme.

J'ai dit plus haut ce que je pensais de cette fameuse séparation entre fécondité et sexualité. Les hommes sont plus soucieux quand il s'agit d'eux-mêmes de protéger leur intégrité physique. Ils n'acceptent pas volontiers, et c'est tant mieux, de soumettre leur fonctionnement hormonal aux contraceptifs oraux ou de se faire vasectomiser. Il est vrai que les candidats à la contraception ne disposent que d'un arsenal très limité. Une fois recensés les condoms (même à plumes) et les slips chauffants, ils n'ont que l'aléatoire frustration du coït interrompu ou le recours à la vasectomie. Si les pilules contraceptives, encore au stade expérimental, leur réservent les mêmes divines surprises qu'aux femmes, ne les leur souhaitons pas. La force de vie doit rester intacte, même si l'on refuse l'idée de faire un enfant, parce qu'elle fait partie de l'image que chacun a de soi-même. L'automutilation, y compris si elle atteint un stade de socialisation massif, n'est pas un signe de maturité.

Il y a quinze ans, un homme de bonne volonté prenait en compte la contraception de sa compagne :

Alain.

A l'époque de mon bac, puis de la fac, je me souviens avoir fêté la venue des règles d'une fille avec les copains. Toute notre sexualité était marquée à l'époque (en 1965) par les bacs à passer, les préservatifs, la jouissance sur le ventre (le coït interrompu). Des mythes couraient sur un médicament miracle à base d'œstradiol qui était censé être un accélérateur des règles. Les règles, dès le début de ma sexualité, ça a été lié à la contraception. Une fois, j'ai même fait l'amour avec une mineure exclusivement pendant ses règles. Ordinairement, la contraception consistait en ceci : dix jours avant on peut, dix jours après on peut pas et plus on s'aimait et plus on tirait sur les limites. Il restait à peine trois jours au milieu et l'îlot se raccourcissait de plus en plus... jusqu'à être obligé de faire un petit voyage en Suisse !

La pilule a effectivement produit ceci qu'un homme ne se demande même plus si la femme qu'il a en face de lui n'est pas tout bonnement en train de concevoir un enfant à son insu. La potentialité de vie a disparu et n'a été remplacée par aucun enjeu ; la relation est gratuite, sans lendemain, sans conséquence, elle est réduite à l'équivalent d'une poignée de main et n'engage surtout à rien.

Jean-Claude.
Ou la relation sexuelle est possible ou elle ne l'est pas, l'autre partenaire a programmé si elle accepte. Elle endosse le problème et ne le pose pas à l'homme. Je n'ai jamais vécu dans la même habitation qu'une femme et je n'ai pas de contraception. Je n'ai pas de relation suivie avec une femme. Il y a des rencontres ponctuelles et puis une transformation, un changement du mode de relation. De vingt à vingt-cinq ans, j'étais paniqué à l'idée de faire un enfant. Mais ça a changé, elles ne demandent plus rien et moi, au lieu d'être responsabilisé, j'en viens au sentiment que ce serait presque ridicule de s'en mêler. La relation sexuelle se fera ou non et je saurai que la fille est protégée selon qu'elle acceptera ou non.

Le fait que les hommes se préoccupent de leur contraception est la meilleure chose du monde, qu'un homme ne sème pas à tout vent de possibles enfants le regarde. Servir d'étalon à son insu est une situation sûrement inconfortable, même si la plupart des hommes ne s'en soucient pas faute d'imagination. De plus, même si en dernier ressort l'enfant transite par la femme, le désir d'enfant appartient aussi aux hommes. Mais leur contraception les regarde seuls. En l'état actuel des relations entre les sexes, il serait naïf de confier la contraception aux hommes. Le fait que, dans un couple constitué, aux rapports privilégiés et monogamiques, l'un prenne le relais de l'autre et que tour à tour l'homme ou la femme assume la responsabilité de la contraception relève simplement de la confiance établie entre partenaires. Il reste qu'au plan des principes la contraception appartient à chacun. Chacun est responsable de soi-même et se dessaisir de sa propre contraception me semble aussi dangereux pour la femme que pour l'homme et prêter à la domination par l'homme. Reste que, actuellement, peu d'hommes se posent la question de savoir ce qu'il en coûte aux femmes de s'assimiler au corps masculin, de faire comme si la responsabilité — imposée par leur sexe, réelle — d'incarner la force de vie ne leur incombait pas en dernier ressort. En s'aveuglant ainsi, ils réussissent le prodige d'occulter la différence entre les sexes, d'affirmer leur suprématie dans le champ social et de continuer à rechercher la proximité des femmes.

On ne peut exiger d'un homme qu'il soumette son corps à l'action de produits chimiques ou qu'il le mutile par une vasectomie. La mutilation des possibles est une barbarie pour l'homme comme pour la femme. S'autocastrer, c'est planifier complètement son devenir affectif, et qui sait jamais ce que sa propre histoire lui réserve. En revanche, ce que l'on peut demander à un homme, c'est d'apprendre à différer son désir et à écouter le désir de quelqu'un d'autre. S'il est évident que l'urgence du désir bouscule les autres rythmes, il ne constitue toutefois pas une raison suffisante pour les occulter tout à fait. C'est pourtant la seule urgence qu'on se donne le luxe de satisfaire de nos jours. Les conditions de vie, qui engendrent une réelle misère morale, me semblent être à l'origine de cette dévoration du corps féminin, ce sont ces urgences-là, celles des frustrations toujours subies, qui renforcent l'urgence du désir sexuel.

Paule dit qu'elle voudrait bien arrêter la pilule, voudrait bien un enfant, mais elle aime un homme et craint de le perdre en affirmant son désir à elle. Lui veut aimer sans entrave. Lui ne veut pas d'enfant. Alors Paule « paie le prix », tout en rêvant de laisser son corps vivre un jour une autre réalité.

Paule.

A seize ans, je notais mes dates de règles et je comptais. C'était approximatif et j'ai eu un bol phénoménal. Après, ça a été la capote anglaise. J'ai toujours eu une grande peur d'être enceinte et j'étais draconienne sur les dates critiques. Si ce n'était pas le jour, pas question. La pilule est une liberté pour laquelle je paie un prix par ailleurs. Par la transformation de mon corps, que je n'approuve pas, par ce qu'elle provoque d'artificiel dans le vécu de mes règles, par la suspension de moi-même par rapport à la fécondité. Mais je ne veux ni enfant ni avortement et par conséquent je prends la pilule. J'aimerais vivre plus simplement, plus naturellement. Me mettre en suspension, c'est ne pas permettre à mon corps de vivre sa vie, c'est vivre de façon intellectuelle mon choix par rapport à la maternité. Avec R., si on décidait d'avoir un enfant, j'arrêterais la pilule tout de suite, en fait si lui décidait d'en faire un, parce qu'en ce ce qui me concerne c'est déjà résolu depuis longtemps. J'accepte mal la pilule, mais je n'envisage pas d'avoir un stérilet. Je le perçois comme un objet métal et plastique qui menace mon corps et celui de l'autre. Mes relations avec R. n'ont pas encore suffisamment de maturité pour qu'on puisse différer le désir et, pour l'instant, ma liberté sexuelle est plus grande avec que sans pilule.

C'est la femme qui fait taire son corps dans ce qu'il a de plus unique, sa puissance de vie. Il faut corseter ce corps par la chimiothérapie, par le stérilet. Que la vie ne puisse plus y trouver refuge par effraction. Elle doit être responsable de tout, y compris de ses désirs les plus profondément enfouis, mais elle demeure irresponsable sur la réalité de ses désirs. Cependant, d'autres signes parlent. Lorsqu'une femme a réduit sa fécondité au silence, chaque fois qu'elle tend la main vers la plaquette de pilules, se fait dans sa tête la comptabilité à rebours de sa sexualité. Tant de pilules, tant de jours, tant de rapports sexuels. Et lorsqu'un amour se disloque, lorsqu'il n'y a pas de relations privilégiées, lorsque l'ami est loin, les pilules s'égrènent, comptant le temps et les risques pris en pure perte, accusant le corps de n'être pas « rentable » ou « consommable » en termes de sexualité. Hors la sexualité, le temps n'exprime plus la vie, il compte pour rien. C'est alors que certaines femmes décident d'en finir avec cette trop voyante programmation et se font poser un stérilet. Mais le stérilet occulte lui aussi le temps de la fécondité et il faut alors vivre cette contradiction d'avoir de vraies fausses règles qui jamais n'annonceront la vie, en brillant par leur absence. La programmation est plus facile à oublier mais le bouchon est là, et l'oubli de la fécondité reste l'entière dévotion de la totalité du temps à la sexualité.

Ève.

C'est avec la pilule que j'ai véritablement eu du plaisir à voir mes règles parce qu'elles n'étaient plus liées à la peur de la grossesse. Je l'ai bien supportée mais comme je n'avais pas de relation affective fixe, je trouvais déprimant de rester des semaines entières à la prendre pour rien. Maintenant j'ai un stérilet. Il reste en place et on n'y pense plus. J'ai retrouvé un vrai cycle sans la menace de fécondité. Le sang des règles est important pour moi et je n'ai pas envie de les perdre. Je ne veux pas avoir à penser à ma fécondité, je ne veux pas y réfléchir. Je veux avoir de vraies règles et ne me soucier de rien.

L'argument de l'innocuité, de l'innocence des rapports sexuels, fait à présent partie de la panoplie du parfait dragueur. Les jeunes filles qui ne veulent pas faire l'amour s'entendent dire qu'elles sont arriérées et se voient même exclues de certaines bandes d'amis. Ne connaissent-elles pas le filtre d'amour magique du XXe siècle ? Le refus de faire l'amour avec qui ne vous inspire rien est ainsi entièrement replacé dans la perspective de la procréation. Si elle ne « risque » rien, pourquoi refuse-t-elle ? Mais parce qu'elle est une personne et non un corps ! La femme faite rencontre le même problème. Avant la pilule et le DIU elle pouvait refuser la relation sexuelle sous le prétexte d'une ovulation, de règles. Aujourd'hui, elle ne risque pas de grossesse et ses règles constituent de moins en moins un obstacle au désir de l'homme, si elle dissimule soigneusement leur signification réelle. Mais comme parallèlement l'émergence de ses propres aspirations ne s'est pas faite, cette « innocuité » du rapport sexuel la place en permanence sous la domination du sexe. Et pourquoi pas un temps pour chaque chose. Temps de fécondité pour décider, temps du sang pour partager ou se retrancher, temps pour soi, temps pour l'autre ? Tous ces temps se retrouvent malheureusement sur l'unique modulation du temps dédié au sexe. A l'assujettissement à la procréation d'une part, à la production d'autre part, se juxtapose celui de la copulation.

On a souvent affirmé que la pilule serait le levier qui fera éclater la famille traditionnelle. D'autres facteurs la remettent plus sûrement en cause, et notamment le fait que la famille est contradictoirement le modèle et l'assise de la société hiérarchique, et le noyau de résistance à la séparation sans fin des individus, à laquelle nous contraignent toutes les finalités de notre société. Un simple produit ne peut rien changer à des rapports sociaux établis. Il ne peut que contribuer à mettre en évidence quelques archaïsmes et contradictions. Les véritables leviers de changement résident en nous-mêmes. Quant aux valeurs se rapportant à la virginité et à la fidélité par contrainte, dont on dit également que la pilule les avaient remises en question, elles étaient déjà bien décaties avant l'apparition de la pilule, qui ne s'est véritablement popularisée que dans les années soixante-dix. Le vieux système patriarcal n'avait plus vraiment la force de les maintenir, sauf localement : les personnes ne sont plus la propriété privée d'un chef de clan mais propriété d'État. Chacune pour soi, elles sont absorbées par leur survie immédiate, laissant les valeurs ancestrales devenues inopérantes à leur obsolescence. En revanche, ce que la pilule n'a pas remis en cause, c'est le mode de relations entre sexes : que seraient des rapports privilégiés qui ne tourneraient pas à la longue en liberté surveillée ? En quoi consisterait une liberté qui ne nierait pas l'autre ? Le fait qu'il n'y a plus danger de grossesse ne signifie pas davantage de liberté par rapport à l'autre, il ne signifie pas que change le statut des personnes à l'intérieur de la structure conjugale — on a vu certains maris détenir la plaquette de pilules. Une femme peut parfaitement porter un stérilet ou prendre la pilule, et être dans son comportement quotidien dominée par les hommes, tout en l'exprimant dans les formes socioculturelles de la *doxa*[1] de la libération sexuelle.

La contraception totalitaire pousse à son maximum la cérébralisation du désir. Il faut sentir le chaud et le froid non pas avec ses capteurs corporels mais à travers l'intellectualisation complète des situations affectives. Ce n'est après tout que la transposition à l'échelon individuel de la schizophrénie frénétique du corps social, qui tend à diviser le plus possible les individus à l'intérieur d'eux-mêmes. Toute séparation permet d'établir le nouveau lieu d'une rentabilisation économique ou idéologique. La pilule réalise l'inhibition des désirs affectifs et elle étend un rideau de fumée sur la réelle misère sexuelle des femmes engagées à jouir non pour elles-mêmes mais seulement en fonction du désir de l'homme. La facilité d'accès aux relations sexuelles des jeunes filles actuelles est loin de leur

1. *Doxa* : discours propre à une logique donnée.

apporter une aide réelle : on les voit se perdre dans une spirale de relations où elles cherchent désespérément quelqu'un qui voudrait enfin les reconnaître pour elles-mêmes et non à travers elles la facilité d'une relation vide. Elles ne risquent pas d'être enceintes, elles risquent leur identité tout entière. C'est que la rubrique « vie affective heureuse » ne figure pas sur la notice des boîtes de pilules, contrairement à ce que voudraient induire les fabricants. L'efficacité de la contraception n'a rien à voir avec l'acceptation de son propre corps, rien à voir avec l'épanouissement sexuel, la pilule n'a jamais fait la liberté intérieure de quiconque.

Au fil des années, une pression croissante s'exerce sur les femmes : si elles ne sont pas des rombières arriérées, elles se doivent de prendre la pilule. On les somme, là, de laisser entrer dans leur vie ce moderne cheval de Troie de la contraception totalitaire. Chausse-trape qui permet l'envahissement de sa propre fantasmatique sexuelle par la « libération » sexuelle d'acception masculine et l'envahissement de son territoire physique par un objet placé dans son utérus ou ingéré par son organisme. Cette véritable involution par la césure du corps féminin interne est présentée par de nombreux médecins, de nombreux médias féminins influents, comme une évolution, et drapée dans les oripeaux du progrès scientifique et social. Je me méfie quand on commence à faire jouer les violons du progrès en faisant de mon corps l'enjeu de l'affaire. Il se trouve que les femmes ont toujours représenté aux yeux des hommes le conservatisme, et spécialement aux yeux du corps médical. L'exemple de la pilule illustre à merveille ce préjugé. Ce n'est pas par une initiative consciente et organisée que les femmes se sont libérées de la contrainte de la grossesse indésirée : elles n'ont pas suscité ce changement, elles l'ont subi, le progrès le leur a octroyé. Ce n'est donc pas par leur force ou leur intelligence qu'elles ont progressé, et c'est justement dans leur corps que s'incarne ce progrès. Corps féminin, corps objet qui jamais ne pense et toujours parle en tant que corps et non en tant que personne corps/esprit mêlés. Cette pilule octroyée m'évoque l'hostie de mon enfance. Je vois une analogie entre ce sauf-conduit sacré distribué par le prêtre qui menait au Paradis de Dieu le Père et ce contraceptif miraculeux dispensé par le médecin qui mène au Royaume des hommes. Femme deux fois flouée, car ces deux voies d'accès à la félicité ne débouchent pas sur l'Éden de l'altérité : elles ne donnent droit qu'à un strapontin pour l'éternité. Par la pilule, la femme a acquis le droit d'être toujours disponible en échange de quoi l'homme n'est plus jamais refusé. Le territoire est piégé : nulle retraite où dire « ne me touche pas ». L'homme garde l'initiative. En croyant adopter des comportements libérés, les femmes entrent de plain-pied dans l'imaginaire des hommes, sans se soucier davantage de savoir ce qu'est leur propre identité, ce que sont leurs propres désirs.

La maternité

Dans son ouvrage *la Peur des femmes*[1], Lederer cite le cas d'un homme incapable de se marier parce qu'il serait ainsi obligé de supporter l'intimité d'une femme. L'odeur d'une femme à sa toilette lui rappelait celle des garnitures de sa mère. L'exemple peut sembler extrême, mais beaucoup d'hommes sont ainsi dégoûtés par le sang des femmes, ainsi que par toute odeur ou sécrétion issues du corps féminin, mais la fécondité exige que viennent au jour des secrets humides et chauds. Ces suintements offensent leur vue, leur odorat, leur sens de l'esthétique, esthétique liée à leur propre corps, que toujours ils domptent et pensent lisse et fermé. Ils refusent également ceci de la fécondité qu'elle s'inscrit dans une durée et que le corps des femmes porte témoignage de cette durée. Aux deux extrémités de leur vie, la petite fille et la femme ménopausée sont chacune exilées dans le désert de l'attente. Ainsi la femme incarne-t-elle la précarité de la durée d'une vie humaine par la division de son existence. Elle est indéfiniment réduite à symboliser une image donnée, et une seule, et n'arrive jamais à se rassembler pour être tous les

---

1. Wolfgang Lederer, *La Peur des femmes ou Gynophobia*, Paris, Payot, 1980.

possibles en une seule femme. Maintenues sur un piédestal, villes ouvertes à tous, mères intouchables, pures jeunes filles, les femmes sont condamnées à interroger le désir des autres pour accéder à un fantôme d'être, et, ayant accepté de n'avoir pas de désir propre, elles sont contraintes d'assumer collectivement la charge de représenter la mort et le temps. Tandis que l'homme chargé d'ans, même rejeté par la production, représente l'expérience, l'enracinement à un lieu, etc., la femme, elle, symbolise le vieillissement à venir de tous les corps, et, quand elle vieillit, elle doit se faire la tête d'une rassurante mère-grand, sous peine d'être perçue comme vaguement menaçante. Il ne lui est pas laissé l'opportunité d'harmoniser en un tout son cheminement personnel, sa féminitude réduite au biologique est divisée, segmentée : puberté, sexualité, fécondité, vieillesse, sont présentées comme des tableaux dont on aurait coupé la continuité. Emprisonnée dans des caissons étanches, elle est ligotée par des stéréotypes où le verbe être est tour à tour conjugué au futur — le devenir de la fillette —, au présent — le corps-objet de la femme adulte —, au présent éternel — la mère — et au passé — la femme ménopausée dont l'expression anglaise *has been* rend si cyniquement l'inhumanité. Quand la femme trouve la force de rassembler en une relative cohérence son moi biologique, culturel, social, affectif, de conjuguer le verbe être à tous les temps à la fois et de jouer tous les rôles, elle cesse d'être perçue comme l'inspiratrice, l'oreille attentive, la consolatrice. Si elle se veut sujet, elle devient l'ennemie, « castratrice » et « gloutonne », elle réincarne l'image abhorrée de la mère-déesse dévoreuse de petits enfants, et les hommes l'abandonnent à la solitude.

Dans cet éclatement du corps féminin, la maternité est un moment tout particulièrement quadrillé par les précautions sociales. Moment charnière des stéréotypes féminins, la maternité fait passer la femme du plaisir au devoir, la fait entrer dans la responsabilité comme on entre dans les ordres. Si la maternité est ainsi sous haute surveillance, c'est que l'homme ne peut que l'imaginer, qu'il ne peut la sentir puisqu'il ne la vit pas objectivement. Il pressent que ce qui lui échappe là est fondamental et recèle toutes les possibilités d'unicité des femmes. La maternité a eu beau être surveillée, décrite, encadrée, elle réussit par l'alchimie propre que la force de vie lui donne à faire de celle qu'on nomme une « faible femme » un être totalement autarcique. L'autonomie d'une femme en d'autres situations peut se lire de façon délibérément déformée ; on peut l'enfermer dans des mots blessants : hystérique, salope, garce, mal-baisée. On ne peut en dire autant d'une femme enceinte qu'on pourrait — excusez la trivialité — difficilement trouver plus comblée. Fascinés, révulsés, impuissants et envieux malgré eux, les hommes se sentent totalement exclus de l'état de grossesse. Ils regardent l'autre — cet autre qui pour une fois est une femme — vivre rêveusement, les bras arrondis autour du ventre, intensément tournée vers l'intérieur, à l'écoute de son expérience double. Expérience physiquement inconnaissable par l'homme et qu'une femme ne partage pas volontiers par des mots qui en tuent le mystère et la révèlent sous un jour qui terrorise l'homme. Habitué à être celui par qui l'action arrive, l'homme en est ici réduit à apporter des brindilles pour augmenter le confort du nid. Son accès à l'enfant transite par une intermédiaire obligée qui vit retirée en elle-même, sereine, sourde à ce qui n'est pas la vie en elle. Cette attitude suscite en lui l'idée que la transformation s'opère contre lui, et souvent il voit sa compagne se transformer avec horreur et dégoût. Le voyage intérieur qu'elle poursuit est alors assimilé à un état bestial, à une régression inacceptable. Le corps masculin, totalement tourné vers le dehors, ne peut imaginer cette situation que comme une menace pour son identité même. Cette angoisse de voir se diluer son identité se révèle souvent par l'interruption des relations sexuelles après le septième mois de grossesse, qui n'est pas le fait exclusif de la femme, et provient aussi de l'idée que l'homme perçoit le fœtus comme un autre lui-même qu'il ne veut ni déranger ni menacer par la proximité de son sexe pendant la pénétration. Un homme m'a dit : « La grossesse, ce n'est pas la même chose que les règles, que je peux sous certaines conditions trouver belles, la grossesse est laide, c'est pour moi un grouillement. » Des hommes « de gauche » ne se seraient pas même permis de le penser. Le refoulement est à présent trop profond et peu de gens osent aujourd'hui dire cela. Ce dégoût du féminin, parce qu'il est avoué, est néanmoins plus rassurant pour moi. Il me prouve que j'existe, profondément enracinée dans une différence irréductible. Il y a tant de peur dans cette haine que cette détresse me touche. La répulsion me semble bien préférable à l'assimilation totale au corps masculin, telle qu'on la préconise dans les milieux qui se disent progressistes.

Conscientes de la fascination angoissée que leur grossesse suscite chez leur compagnon, bien des femmes préfèrent nier ce qu'elles ressentent et se jeter dans une hyperactivité où elles oublient ce qui se passe en elles. J'ai ainsi connu quelqu'un qui n'avait jamais senti remuer son enfant en elle jusqu'à ce qu'il ait plus de six mois. Elle n'arrêtait pas de travailler, de se dévouer pour les autres, se refusant à elle-même cette expérience qui jamais plus ne reviendrait. Elle se soumettait de la sorte à ce qu'attendait d'elle son ami et tentait d'oublier son corps de femme enceinte pour rester le plus longtemps possible dans le champ du désir pur de toute implication de fécondité, au lieu d'imposer les deux à la fois. Nous avons tellement intériorisé les jeux de rôles que nous avons des difficultés à les fondre en un seul et à imposer cette superposition aux autres. Être perçue comme un « ventre » paraît insupportable et l'on s'affirme par une activité débordante visant à démontrer qu'on est comme d'habitude. Non, on n'est pas comme d'habitude et c'est cela qu'il faut accepter et imposer. La difficulté à surmonter est que le confort de l'entourage d'une femme enceinte exige qu'elle ne lui présente qu'un visage à la fois. La femme est frappée de l'interdit d'être multiple car nos sociétés veulent en tout être et en tout lieu pouvoir catégoriser pour mieux entraver.

C'est personnellement à travers la grossesse que j'ai réussi à comprendre que l'on ne peut pas toujours imposer silence à son corps. J'avais enclenché un processus que mon esprit, à partir d'un certain stade, serait impuissant à modifier. Il faudrait bien que, neuf mois après l'avoir initié, j'aille au bout de mon acte, mon corps avait pris le relais d'une décision intellectuelle. Il aurait été invivable que la transformation physique se fasse à mon « esprit défendant ». J'ai donc accepté, puis aimé la situation d'être ainsi guidée et enseignée par mon corps, au lieu de maîtriser par des carcans intellectuels divers l'expression de mon moi physique. J'ai ainsi compris combien j'avais auparavant imposé silence à mon corps, combien je me croyais maîtresse d'un continent de fait inconnu. Je n'ai jamais oublié cette révélation de l'autonomie relative du corps et elle a pour moi été à l'origine de la réflexion sur la contraception dans ce qu'elle impose silence au corps et le brime à partir de critères essentiellement sociaux. Je ne pense pas que mon exemple soit unique ; je n'en conclus pas pour autant que l'on ne puisse se révéler que par l'état de grossesse. Je dis seulement qu'elle a été pour moi un accès privilégié par où a pénétré l'idée d'un rythme proprement féminin, et qu'elle m'a révélé combien j'étais engagée intellectuellement et physiquement dans un processus d'imitation des hommes. Il me paraît essentiel qu'une femme garde intact son corps et donc *sa faculté* de concevoir et qu'elle assume une réalité physiologique avec quoi elle ne doit pas tricher sous peine de perdre une part importante de son identité.

Si la contraception par pilule ou stérilet met pour un temps la fécondité entre parenthèses et permet ainsi à un sexe de se prendre pour l'autre, le processus de la conception confronte crûment chaque partenaire, homme et femme, à ce qu'il peut faire ou pas. La mère est, le père s'élit. En assistant à la naissance chaque homme apprend cela. Le rôle du père est essentiellement social. Bien qu'il ait participé à la naissance, qu'il en soit la cause lointaine, la vie ne transite pas par lui. C'est là privilège de femme, la revanche du sang, l'énorme puissance de son apparente fragilité.

> *Thomas.*
>
> J'ai ordinairement horreur du sang. Pourtant le sang que j'ai vu pendant l'accouchement d'A. m'a transporté. J'ai demandé à voir le placenta : sombre et somptueux ; il était l'une des images de la possibilité d'être mère. Ça m'a renvoyé à ce que les hommes ont peur d'être. La vie transite par les femmes. La vie des hommes n'existe pas en soi. Les règles fascinent et font peur à cause de cela : la peur du sang se manifeste parce que la vie se manifeste. Les hommes n'ont pas de preuves de cet ordre. Il est quelquefois insoutenable de constater que la vie ne passera pas par soi. Cela engendre une fascination pour celle qui en dispose. Elle n'en use peut-être pas mais elle en dispose à tout moment, y compris hors de l'accouchement. La révélation est inacceptable pour ce qu'elle révèle d'existence incomplète pour les hommes. C'est pour cela qu'elles sont tenues de partager ce moment de la naissance. C'est là qu'elles assignent une place à l'impossible désir d'enfant des hommes.

Il est difficile de commenter une telle reddition. Elle me conforte dans l'idée que tout rapport sexuel est précisément un engagement où chacun est affronté à une altérité qu'il ne pourra jamais complètement explorer. Que cette responsabilité s'exerce dans des relations duelles, plurielles, immuables ou changeantes ne change rien au fait que l'échange doit être entier. Je hais l'amour hygiénique si vanté ces temps-ci. Je déteste la réification des personnes qu'il suppose. De même que me gêne l'attitude actuellement fréquente pour les femmes « libérées » de faire un enfant toute seule, sans consulter l'homme qu'elles prennent comme étalon. Le fait que bien des hommes laissent à la femme à la fois la charge de la contraception et celle des suites de l'acte sexuel ne me paraît pas être un bon argument pour exclure les hommes de la conception et de l'éducation d'un enfant. On ne répond pas à une barbarie par une autre. Engendrer en pensant exclusion et séparation ne me semble pas être une promesse de générosité pour l'enfant à venir. La séparation est la chose la mieux partagée dans nos sociétés, c'est même là le but ultime de sa forme de production. Un père a permis la conception de l'enfant, et le reconnaître n'est pas forcément renvoyer une femme au modèle familial actuellement imposé. Un monde tout masculin ou tout féminin, c'est tout comme, c'est un désert invivable.

Thomas.

Les règles signalent que les femmes pourraient disposer de leur fécondité pour elles-mêmes et quand les hommes s'en aperçoivent c'est avec horreur, car notre société est un monde qui n'est pas destiné à ce que la vie s'exprime. Il ne reste de la vie que là où sont les femmes. Le danger est qu'elles ferment elles aussi cette porte-là sur l'humanité.

C'est pourtant le chemin que prennent les femmes et je pense l'avoir souligné à propos de la contraception. Au lieu de s'engager dans un processus d'imitation des hommes, il faudrait que les femmes comprennent leur propre fonctionnement, amènent à leur conscience leurs propres désirs et tentent après cela de comprendre l'autre sexe sans s'y perdre. Il s'agit pour l'homme de cesser de se prendre comme unique référence. Il s'agit pour la femme de partager ce qui lui semble être à la fois la source de sa puissance et celle de son aliénation. Source de puissance et de force en ce que la fécondité recèle un réel pouvoir d'autonomie, source d'aliénation et de faiblesse parce que en parler sans être ni écoutée ni comprise est une souffrance et une cause d'infériorisation. L'accès de l'homme aux règles, à la parturition n'est pas chose facile parce que cela exige de lui une remise en cause des valeurs masculines les plus profondément ancrées dans les mœurs. Les médecins, qui font profession de l'accès à l'accouchement, le savent bien qui ont installé un certain nombre de coupe-feu pour pouvoir côtoyer sans risques un moment critique pour leur statut d'homme. Les non-médecins, maris, compagnons, amis, affrontés à la grossesse, sont seulement armés, face à une mutation qui entraîne la leur, de quelques idées simples et inopérantes. S'ils veulent si fort que les femmes soient à une place à la fois, c'est que, lorsqu'elles bougent (au moment des règles, au moment de l'accouchement), elles remettent en cause l'ordre masculin et qu'ils ne savent plus eux-mêmes où se trouve leur place.

Lorsqu'on tente de dissuader un homme d'assister à un accouchement, on invoque des arguments de l'ordre de la sexualité : une femme ne devrait pas être vue en état de gésine sous peine de perdre son pouvoir de séduction sur lui. Et certes elle ne sera plus perçue de la même manière car son sexe ne sera pas vu comme objet sexuel mais comme l'outil d'un travail. Ce n'est pas à mon avis suffisant pour fonder le changement d'attitude qui s'observe ensuite entre les nouveaux parents. Il n'est pas besoin d'être réellement confronté à l'accouchement pour que s'opère le changement. L'homme se voit réduit à l'impuissance face à la procréation. Impuissance à empêcher ce qu'il a contribué à produire. Impuissance à faire lui-même ce que sa femme est en train de faire : rien ne sera plus jamais comme avant entre eux et ce n'est pas seulement la présence de l'homme à l'accouchement qui infère cela. En procréant, l'homme entre de toute façon dans l'espace féminin et y risque une remise en question de son statut. A cet égard, le cas d'une amie m'a beaucoup frappée : elle a décidé de faire pratiquer une césarienne afin précisément que son sexe ne passe pas du champ de la sexualité à celui de la fécondité. Mais sa grossesse même avait déjà superposé quelque chose à sa sexualité et la magie du chirurgien n'y pouvait rien. On ne peut à la fois faire et ne pas faire. Et agir transforme les relations entre les êtres.

Serge.

J'avais toute possibilité d'assister à la naissance de mes enfants mais je ne l'ai pas souhaité. Je me suis tenu dans la salle de travail pendant toute la durée de la dilatation et je l'ai quittée au moment de l'expulsion. Ne pas assister à ces naissances est lié au fait que j'ai été long à accepter d'avoir des enfants et à mon rapport général avec la conception. Lorsque j'ai eu accepté de faire des enfants, il ne m'a pas été facile de me considérer comme un père, de me donner la représentation non plus seulement d'un jeune homme marié mais aussi celle d'un homme marié avec des enfants en bas âge.

La naissance a ravivé en moi la peur du sang. Probablement existe-t-il une peur de voir sortir l'enfant dans le sang, de voir le sexe d'une femme déformé par la naissance et de se reconnaître comme origine de l'événement avec pour effet le passage de l'enfant par le « pertuis ». Il y a là une modification fondamentale. Ce que j'avais vécu comme pertuis dans l'ordre du plaisir changeait de champ et se trouvait modifié par le travail de la naissance et j'en étais la cause lointaine.

Je regrette maintenant, et pour des raisons strictement égoïstes — mon fantasme n'étant pas d'avoir ou non à affronter la douleur de S. mais d'être obligé de considérer la translation du plaisir au travail, à la responsabilité —, de n'avoir pas collaboré à la naissance de mes deux enfants. Mais à l'époque, mon discours intérieur était érotico-esthétique. J'ai raté là l'occasion de savoir comment s'est déroulée ma propre naissance. J'ai raté à travers cela l'occasion d'une anamnèse[1] au sens psychanalytique. Savoir ce que c'est que la venue à la lumière du petit enfant que j'ai été.

N'avoir pas assisté à la naissance de ses enfants n'a pas changé la réalité, l'effet a été identique, l'imagination et la situation objective ont suppléé à l'observation. Il a fallu donner un statut différent à chacun et se considérer tout autrement après les naissances. Il se trouve que Serge n'a par ailleurs jamais de relations sexuelles avec S. quand elle a ses règles, ce qui permet de supposer qu'il n'est pas seul responsable de n'avoir pas assisté à l'accouchement. Il y avait convergence entre sa peur à lui, qu'il a manifestée par l'absence, et le désir de sa femme de l'exclure qu'elle a seulement induit, lui laissant le sentiment d'avoir décidé entièrement de la situation.

Benoît a assisté à l'accouchement de son amie. Son rapport aux femmes s'en est trouvé modifié et il a été amené à considérer sous un nouvel aspect des gestes qui auparavant lui paraissaient sans mystère et comme allant de soi.

Benoît, 29 ans.

Je n'ai jamais approfondi mon rapport au sang des règles, ni avant ni après la naissance de notre fils. J'ai simplement noté qu'autrefois je faisais facilement l'amour avec une femme ayant ses règles. Depuis la naissance, j'en ai perdu le désir. Je me dérobe sous divers prétextes, maux de tête, fatigue, etc. Mais le fait est que j'attends que les règles soient terminées pour reprendre les rapports sexuels.

Une fois confronté à la réalité de la différence des sexes, Benoît n'a pas perdu tout appétit sexuel, il n'a simplement pas pu oublier ce que signifient les règles, qu'elles ne sont pas une péripétie de la sexualité. Les règles font partie de l'espace fécondité et il n'est pas facile pour les hommes de s'y sentir à l'aise quand ils le comprennent parce que les

---

1. *Anamnèse* : moment où ce qui était inconscient revient à la mémoire.

valeurs proprement féminines n'ont aucune place dans notre société. L'accouchement révèle aux hommes des évidences longtemps masquées pour eux. Si, au lieu de les accepter, ils y résistent sans vouloir évoluer, c'est alors qu'ils assistent à cet événement comme si le ventre d'une femme était capable de les engloutir. Alors qu'il serait tellement plus constructif de faire avec l'enfant le chemin inverse.

S'il est un lieu où les rythmes de la femme sont tout particulièrement niés, c'est bien la salle de travail des maternités, publiques et privées. Bien qu'aient été dénoncées à maintes reprises leurs pratiques les plus scandaleuses, des césariennes abusives aux déclenchements intempestifs et systématiques, les médecins continuent tout placidement à les reconduire et à procéder à l'entravement du corps féminin. A la vérité, derrière l'aspect professionnel et blasé qu'il oppose à l'extérieur, le personnel médical éprouve une grande angoisse à chaque naissance, à chaque demande de relation humaine un peu forte, aussi préfère-t-il masquer cette peur derrière des machines et des mots au sens obscur. Il se joue un ballet étrange entre le médecin, la sage-femme et la parturiente. Un ballet fait d'intimidation et de résistance larvées. Un certain nombre de gestes sont posés, visant à réduire au silence la parturiente, lui intimant de taire sa souffrance et ses questions. Si la femme résiste à ces menaces latentes ou proférées, elle obtiendra satisfaction, pourvu qu'elle réitère souvent et fermement ses demandes. Dans la pratique, c'est la passivité qui domine. En premier lieu, parce que le public dans son ensemble est habitué à faire aveuglément confiance aux médecins, et, dans le cas particulier de l'accouchement, parce que la femme ressent l'enfant qu'elle porte comme l'enjeu du chantage médical. Elle craint que sa résistance n'expose son enfant à des représailles. Crainte non fondée bien sûr, les médecins étant pénalement responsables de la situation faite à l'enfant. Il reste que c'est bien là qu'elle situe l'enjeu, sans que les faits lui donnent raison ni tort. C'est en fonction du bien-être de l'enfant qu'elle accepte la domination, le silence et la souffrance. Une des menaces les plus fréquentes consiste à lui faire valoir que les calmants qu'elle demande pour apaiser sa douleur auront un effet nocif sur la vitalité du bébé à la naissance. Elle fait dès et avant la naissance l'apprentissage du sacrifice qu'il lui faudra consentir pour être une bonne mère à ses yeux et aux yeux des autres. Son désir de ménager ses forces, d'être suivie au rythme qui lui est propre, d'être apaisée dans son angoisse, toutes ces demandes légitimes sont repoussées sous divers motifs et de diverses façons. Les maternités sont un des lieux où la programmation des corps est portée à son degré ultime.

Les médecins ont réussi avec la pilule à programmer les règles des femmes, à les soumettre au corset chimiothérapeutique. Une femme sous pilule peut prévoir la date de ses règles et planifier ses activités sociales ou amoureuses plusieurs mois à l'avance[1]. Cette normalisation du corps féminin est également tentée, et réussie, dans le domaine de l'obstétrique. La durée de la grossesse, comme la fréquence et la durée des règles, varie d'une femme à l'autre dans des proportions considérables, mais c'est au pas du praticien que se déroulent les accouchements. On assiste actuellement à une augmentation considérable des actes médicaux, tels que les échographies et les amniocentèses, tout au long de la grossesse, augmentation que ne justifie pas le nombre de grossesses pathologiques. Dans de nombreuses cliniques, on retarde ou l'on avance le moment des naissances en fonction de l'emploi du temps des accou-

1. Le cycle d'une femme sous contraceptif oral est invariablement de 28 jours.

cheurs, de leurs week-ends, de leurs congrès, des consultations qu'ils ont à donner par ailleurs, etc. Ces accouchements déclenchés présentent évidemment une pathologie plus fréquente qui ne suffit pas cependant à expliquer le taux grandissant des césariennes : jusqu'à 30 % dans certains services, alors qu'il semble qu'elles ne devraient concerner que 8 à 12 % des cas. Cette opération, loin d'être bénigne, présente de sérieux inconvénients pour une femme. Anesthésiée, elle aura la frustration de ne pas voir naître son enfant et supportera avec lui les inconvénients et les risques inhérents à l'anesthésie. Elle gardera une cicatrice conséquente et devra être césarisée aux prochains accouchements qui se limiteront impérativement à trois. C'est ici la rentabilité du temps de travail du médecin qui est privilégiée. Il est payé à « l'acte », et « sortir » la tête du nouveau-né en est un. Il a tendance à multiplier les actes médicaux qui ont l'avantage de conjurer sa propre angoisse face à la marge d'imprévu toujours possible. Bref, il tente de maîtriser un temps et un corps qui ne lui appartiennent pas. Déclenchements et césariennes sont fixés à l'avance et prennent place dans un agenda sans surprises. Le médecin s'implique moins dans la relation à la parturiente et s'avère pourtant indispensable à la naissance, ce qui lui confère un statut quasi divin.

En outre, une autre femme dépend du médecin, c'est la sage-femme, qui, après avoir fait l'essentiel du travail, est frustrée des résultats de son effort. En effet, elle appelle le médecin dès que la tête du nouveau-né apparaît, pour qu'il procède lui-même à sa sortie, s'attribuant ainsi des honoraires et des lauriers dus en toute équité à la sage-femme. Des consultations attendent par ailleurs ce médecin qui, pour en avoir terminé plus vite, succombe souvent à la tentation d'inciser le périnée sans réelle nécessité, accélérant ainsi le travail : l'épisiotomie ne répond pas ici à une indication proprement médicale. Elle signifie seulement que le temps du médecin est plus précieux que l'intégrité d'un corps de femme. Attendre qu'une expulsion se fasse, masser un périnée au lieu de le couper, c'est occuper le temps par une activité dont la rentabilité s'exprime non en termes pécuniaires mais en termes humains. Non seulement la parturiente ne retrouvera pas son corps intact mais, de surcroît, le mépris qu'on lui aura témoigné la marquera profondément. Nombreuses sont les femmes qui préfèrent oublier totalement les quelques heures qui ont précédé la naissance parce qu'elles étaient inacceptables. Le non-respect du rythme de chacune est une négation de la personne. La rentabilisation du temps de travail des maternités et de leur personnel passe par la négation totale des femmes qui fondent pourtant leur existence.

Les quelques cliniques vitrines que l'on cite sempiternellement comme des phares de l'obstétrique française ne doivent pas faire illusion. Les médecins gourous officiant là selon des rituels qu'ils ont eux-mêmes établis ne peuvent masquer leur misogynie profonde. Leur tour de passe-passe consiste en ceci que la mère finit par se demander qui, d'elle ou de l'obstétricien, a mis l'enfant au monde. Ces grands prêtres ne se contentent pas de pontifier dans leurs cliniques modèles. Ils occupent en outre un espace considérable par livres, articles, interventions et débats, se congratulant entre eux de façon sordide. Bien qu'ils s'en défendent, il ne s'agit nullement pour eux de transmettre aux femmes une parcelle de leur savoir : à les entendre ils ont même inventé l'accouchement. Il s'agit pour eux de continuer le plus longtemps possible à pérorer entre gens du même monde, campés sur le créneau marchand qu'ils ont taillé dans le vif de la souffrance, muette et exprimée, des femmes. Qu'une voix discordante, voix de femme bien sûr, s'élève au milieu du monde édénique qu'ils disent avoir créé, et aussitôt ils font chorus pour écarter l'intruse. Le diagnostic bien connu tombe : hystérie ! Et de se lamenter sur le conservatisme des femmes et de travailler au mieux-être des femmes contre elles s'il le faut ! Ces cumulards de l'obstétrique se persuadent qu'ils n'ont pas besoin des femmes pour mettre les enfants au monde : mais leurs mains même arrondies en coupe ne sont pas des utérus. Ils se sont approprié l'espace féminin de la maternité, ils en tirent leur subsistance à la fois psychique et matérielle. La lutte pour les déloger sera acharnée car elle remet en question à la fois leur statut d'hommes et leur portefeuille.

Bien que pendant des années les tenants de l'accouchement sans douleur aient prétendu le contraire, l'accouchement est une épreuve. Qu'elle ait ou non désiré son enfant, une femme ressent la parturition comme une mort symbolique et elle a besoin qu'on apaise son angoisse. Autour d'elle, on feint de ne pas entendre sa question réelle, portant sur l'être et la mort, et l'on répond sur le mode de l'efficacité technique. Nul ne la tient au courant de ce qui lui arrive pendant son accouchement, même s'il présente de réels signes pathologiques, et surtout s'il en présente. Le personnel médical montre le visage impassible de gens dominant toute situation par réanimation, transfusion, opération. On s'occupe des corps comme si l'être qui les anime s'en était absenté. Jamais on ne fait le point des moments critiques avec l'accouchée, elle peut même de bonne foi croire avoir échappé de justesse à la mort et qu'il n'en soit rien. L'éventualité d'un décès n'est cependant pas nulle puisque selon l'INSERM 177 femmes encore sont mortes d'avoir accouché en 1976[1]. A cette

1. Selon la communication du 26 mai 1981, des docteurs Nicollet et Magnin, à l'École de médecine, à Paris, 245,6 femmes sont mortes en couches, chaque année, de 1969 à 1979. Un décès sur trois échapperait aux statistiques, et 47 % de ces morts pourraient être évitées.

question sur l'être et la mort, les médecins ont trouvé une parade : ils ont choisi d'écouter les machines. Omniprésentes dans les maternités, les machines établissent une cloison étanche entre femme et médecin. Elles permettent de dégager la responsabilité du médecin et elles évitent le contact humain. Si une femme est sous monitorage, on n'aura pas besoin de lui parler, il suffira de consulter les graphiques crachés par la machine. Si elle est sous perfusion, on se contentera de vérifier le niveau du liquide et son débit. Les machines médiatisent la souffrance. Les rapports s'en trouvent aseptisés. La séparation est totale, il n'est plus nécessaire de se parler, de se regarder, de se toucher. Le patient devient théorique, et, ça, c'est un vrai rêve de médecin. Abrité derrière son arsenal technique, le médecin devient infaillible, si l'accouchement est un échec, c'est donc à la femme qu'en revient la responsabilité, il n'est point de partage. Beaucoup de femmes refusent d'envisager un deuxième accouchement. Quelques-unes entreprennent d'enquêter pour démêler les raisons d'un accouchement désastreux. Elles se heurteront à une impasse. Leur dossier médical, quand on voudra bien le leur transmettre, ne contiendra aucune information susceptible de remettre en cause le fonctionnement du service. C'est donc elle, et personne d'autre, qui a failli. Les médecins ont trouvé au surplus une parade fabuleuse qui les place au-delà de toute responsabilité : la psychologie. La psychologie s'est infiltrée dans l'obstétrique, on s'appuie sur elle pour tout expliquer. La dilatation n'a pu être menée à bien et il y a eu césarienne ? Il a fallu faire une épisiotomie de dix-huit points de suture ? A-t-on horriblement souffert ? La réponse est simple : c'est parce que la femme se refusait inconsciemment à accoucher. Tout est de sa faute. Que l'histoire d'une femme soit marquée dans son corps, il est difficile d'en disconvenir ; que l'on s'en serve comme d'un paravent pour la culpabiliser et refuser les responsabilités qui reviennent au médecin me paraît malhonnête. Pourquoi existerait-il des héroïnes de la maternité ? Les hommes n'envisagent guère l'hôpital comme un champ d'honneur quand ils vont s'y faire enlever la prostate. Voit-on dans leur volonté de ne pas souffrir le souvenir coupable de leur petite enfance ? On les soulage sans plus leur poser de question. Davantage, on ne pense pas même à ne pas les soulager. C'est bien là tout ce que demandent les femmes. Et comme accoucher n'est pas un acte médical subi mais une démarche volontaire, elles demandent plus encore. Pouvoir juger, en fonction précisément de leur histoire, de leur rythme, si elles veulent ou non vivre l'expérience de la souffrance, pouvoir dire « pouce » si cela excède leurs forces, être suivies à leur pas et non s'essouffler derrière celui des médecins. N'être jamais considérées comme des productrices mais, à tout moment, comme des personnes. C'est déjà trop demander puisque aujourd'hui des dizaines de milliers de femmes souffrent encore atrocement pendant l'accouchement. Qu'on ne m'objecte pas que certaines disent ne pas souffrir : cela concerne tout au plus 15 % des femmes, au dire même des médecins. Les autres, toutes les autres, sont à des degrés divers des femmes qui ont crâné, placées qu'elles étaient sans répit sous le regard d'autrui, obligées qu'elles se sont senties de satisfaire aux objurgations muettes ou énoncées de se tenir bien, c'est-à-dire de souffrir en silence. Ce qu'on leur a demandé, dans des modalités qui peuvent varier d'un accoucheur à un autre, c'est de s'absenter d'elles-mêmes pour se conduire selon des normes sociales et non personnelles. Mais on ne vit qu'une fois et l'accouchement n'est pas un moment dont on puisse s'exclure sans en ressentir par la suite une immense amertume.

Qu'elle l'utilise ou non, une femme a aujourd'hui à la fois la possibilité de concevoir un enfant et d'en avoir l'entière et unique responsabilité juridique. Quelques hommes s'en sont déjà rendu compte et une bataille souterraine se livre dont l'enfant — ou plutôt sa propriété en l'état actuel de la société — est l'enjeu. Un des lieux critiques de cet antagonisme est la salle de travail des maternités.

On a déjà décrit ailleurs les pratiques ordinaires des médecins et l'imposture de l'accouchement sans douleur, notamment dans le livre de Marie-José Jaubert, *les Bateleurs du mal joli*[1]. Je voudrais à mon tour attirer l'attention sur les thèmes et les pratiques les plus récents de l'accouchement sans violence. Il me semble que les médecins et les maris « progressistes » sont les plus acharnés à nier le corps de la femme sous couleur de le « libérer ». De fait, ils se relaient dans l'appropriation de l'espace proprement maternel et féminin.

Avec l'accouchement sans violence, les médecins appliquent sous une forme légèrement différente la vieille méthode déjà employée sous le nom d'ASD, consistant à faire intérioriser par la femme sa souffrance. Qu'elle la crie, qu'elle la refuse et tombe le verdict d'échec. Ses actes égoïstes, ceux qui visent simplement à sa conservation, sont interprétés comme une agression à l'encontre de son enfant et on l'en punit physiquement de différentes façons. Une anesthésie de dernière minute, demandée et non reçue des heures plus tôt, la privera de voir apparaître son enfant. Une longue épisiotomie balafrera son sexe et cicatrisera plus ou moins vite, plus ou moins joliment, en posant plus ou moins de problèmes sexuels par la suite. Elle sera laissée à elle-même des heures durant avant et

---

1. M.-J. Jaubert, *Les Bateleurs du mal joli. Le mythe de l'accouchement sans douleur*, Paris, Balland, 1979.

après l'accouchement, notamment pour la réfection de l'épisiotomie. Cette intervention, qu'on pratique systématiquement sur les primipares dans de nombreux endroits, répond pourtant à des indications médicales précises et il est scandaleux qu'elle soit pratiquée sans motif, à seules fins de faciliter la tâche du médecin. Plus grave encore, des césariennes sont faites sans nécessité absolue. Il n'est jamais dit que ce sont là châtiments appliqués sur des femmes qui ne se sont pas conformées aux normes des maternités où elles accouchaient. Les justifications, quand on en donne, sont toujours pertinentes et hypertechniques. Il n'empêche que c'est ainsi. Tel Sisyphe roulant interminablement son rocher, le médecin coupe et coupe encore la chair féminine. Les femmes, par leur constant renouvellement, forment à ses yeux un corps symbolique unique, glaise qu'il modèle à son idée sans vraiment tenir compte de la réalité de leur être. A force de répéter que le problème de la souffrance des femmes en couches est résolu, à force d'affirmer que le travail qui reste à faire concerne l'enfant, les médecins finissent par le croire. S'ils oublient si facilement cette grande souffrance, c'est qu'au fond elle leur importe peu. Si même ils soulagent certaines femmes avec efficacité — et cela rarement et en peu d'endroits —, c'est avant tout pour les faire taire, et pouvoir ainsi les oublier, retournant à leur vieille illusion que sans eux la vie n'existerait pas. La mentalité patronale s'exerce de façon analogue : l'organisation de la production industrielle oublie ou plutôt nie totalement l'ouvrier et privilégie l'objet qui sans son intervention ne serait jamais sorti du néant. Temps de travail et rémunération sont comprimés au maximum au mépris des rythmes biologiques, des besoins humains. Au bout de cette logique absurde, il y a l'assimilation des humains aux machines. L'ouvrier et la femme ont ici ceci de commun qu'ils se voient déposséder d'un corps et d'un temps qu'eux seuls ont le droit d'organiser. Les parturientes sont niées, la vie dans les maternités est symbolisée par les nourrissons, avant que pour eux, comme pour elles auparavant, les forces de production ne s'emparent de leur vie et que le cycle ne recommence.

Lorsque le médecin en a terminé avec la femme, le mari prend le relais pour lui signifier que l'enfant lui appartient à lui. Cette appropriation est notifiée par différents signes. Dans les milieux « gôches » le mari accueille le nouveau-né, puis coupe le cordon ombilical, et enfin baigne l'enfant. Il ne peut s'activer ainsi et au surplus s'occuper de sa femme. D'ailleurs personne ne s'occupe d'elle après la naissance. Saignante encore, souvent coupée par une épisiotomie, elle reste sur la table de travail jusqu'à la délivrance du placenta, ce qui peut prendre jusqu'à une heure. Elle a produit. C'est maintenant sur le nourrisson que le père marque ses droits. Tout cela se fait sous couvert de libération, d'égalité, de partage. Je ne sais trop ce qu'est l'égalité, si ce n'est que c'est au plan social une juste revendication. Quant aux variations individuelles des atouts et mécomptes de chacun, je les crois infinies. D'une personne à l'autre et d'un sexe à l'autre. Si bien que les frontières entre sexes apparaissent quelquefois incertaines. Mais si l'on posait comme accomplie l'utopie de l'égalité sociale, les différences personnelles persisteraient. Et c'est bien ainsi. Et il est une différence qui, je crois, perdurera si les généticiens ne se prennent pas pour Dieu-le-Père, c'est que les bébés naissent du flanc des femmes. Et l'investissement massif par les pères de l'espace maternel auquel nous assistons à présent m'est suspect et témoigne de la confusion actuelle qui consiste en un envahissement mutuel des espaces imaginaires et réels féminins et masculins.

Il me revient là-dessus un exemple qui peut-être illustrera ce fait. Je suivis à une époque les réunions des pères divorcés revendiquant la garde de leur enfant. Ils cherchaient l'appui de quelques femmes et, comme j'étais théoriquement d'accord avec eux, j'en fus pour un temps. Il me semble juste que, ayant pris une part active à l'éducation de leur(s) enfant(s), la loi ne les écarte pas automatiquement dès lors qu'il s'agit de statuer sur leurs capacités à élever leur progéniture sans le secours d'une femme. Ils ont à parité avec les femmes le droit de garde, ce m'est évident. Mais, à travers les discussions que j'eus avec ces pères d'avant-garde, j'en vins à la surprise puis à la colère. Et je réalisai que je ne pouvais que jouer les alibis et en aucun cas approfondir avec eux les espaces respectifs d'un père et d'une mère. Leur opinion était la suivante : la paternité leur appartenait dès la *conception* de l'enfant. Et même à partir du moment où ils avaient décidé d'un commun accord avec leur compagne de la conception ; dès ce moment-là, ils avaient un droit de regard sur l'enfant. Pour eux, la femme n'avait plus le droit de revenir sur sa décision. Plus le droit de décider, fût-ce en effet discutablement tardif, de l'avortement d'un enfant qu'elle se serait rendu compte ne plus désirer. Plus le droit de revenir sur l'opportunité de la présence du père à l'accouchement. Une fois conçu, l'enfant était surveillé, pour ainsi dire à travers le ventre de sa mère jusqu'à ce que le père puisse s'en saisir dès sa venue au monde. Ces pères aigris, et je comprends leur frustration de ne pas voir leurs enfants et participer à leur devenir comme ils l'auraient souhaité, poussaient un peu loin le balancier de l'« égalité ». Pour ma part, je pense que la femme n'est pas tenue d'ouvrir un espace qui lui appartient en propre, c'est-à-dire celui de la gestation et celui de la mise au monde de l'enfant. Elle n'est pas un canal, et, s'il va de soi qu'à partir d'un certain stade d'existence du fœtus la vie de celui-ci ne lui appartient plus, il va également de soi qu'elle-même reste à tout moment une personne responsable de son corps et de ce qu'elle en fait. A elle de décider si elle conserve ou non l'enfant, à elle de décider de son lieu et de son mode d'accouchement, à elle de décider, et cela jusqu'au dernier moment, si elle a besoin, ou envie d'un homme à ses côtés — fût-il le père —, ou de la présence de tel médecin, de telle sage-femme, ou encore de telle amie. A travers cette discussion qui m'opposait aux militants du droit de garde se profilait une idée difficilement déracinable chez les hommes que la femme est un vase, un vase précieux, mais enfin un vase, par lequel transite le liquide miraculeux qui, en son ventre, devient enfant davantage par sa magie intrinsèque que par une gestation où elle a une part décisive et indispensable. Ce que les hommes refusent ici, c'est l'acceptation de leur propre situation biologique qui les condamne à n'être jamais sûrs de leur paternité et à devoir se contenter d'être élus socialement comme pères.

Les modes d'accouchement actuels concrétisent cet état d'esprit. Beaucoup de médecins posent comme résolus les problèmes affrontés par les femmes lors de leur accouchement : douleur, mépris, angoisse. Ils choisissent de privilégier l'enfant sans pour autant donner sa véritable place à la mère. Le père apparaît dans ces conditions comme un interlocuteur particulièrement intéressant pour les médecins. 1º Très prosaïquement, il économisera du personnel en assistant la femme pendant toute la durée des contractions utérines. 2º Il la fera patienter, reculant le moment où elle n'en pourra plus, alors que, seule, elle aurait peut-être exigé qu'on soulage sa douleur. Il apparaît là comme un zélateur involontaire de l'ordre. On sait combien les médecins ont horreur des cris, qu'ils trouvent malsonnants dans des maternités où la miraculeuse « préparation psychoprophylactique » est censée transformer les accouchements en parties de plaisirs. 3º Lorsque l'enfant paraît, c'est le père qui se trouve récompensé de sa longue patience. Il se substitue enfin à la parturiente, allongée et impuissante. Certains médecins l'autorisent à saisir l'enfant, à le baigner, et à couper le cordon ombilical. On entend dire partout que notre civilisation perd ses rites et ses croyances, mais contrairement à cette affirmation elle s'en recrée tous les jours et les salles d'accouchement me semblent très « fertiles » à cet égard. Les médecins ont recruté le père comme délégué-officiant, et il n'est pas fortuit que ce soit précisément le père qui procède au rite de purification du bain de l'enfant tandis que la mère est abandonnée à ses écoulements utérins sans qu'on se soucie de lui faire toilette. Que le bébé profite de ces pratiques douces est une bonne chose, mais que ces pratiques ne changent rien au sort qui est fait à la mère n'est pas niable. La femme a certes fourni un vigoureux effort mais ne pourrait-elle couper elle-même ce fameux cordon ? Il me semble qu'il est au plan symbolique bien plus important pour elle de le faire que pour le père. Ce geste, si l'on écarte sa signification d'appropriation, est pour le père une redondance : cette coupure entre la mère et l'enfant, il l'effectuera chaque jour après la naissance, et de façon plus marquée encore au sortir de la petite enfance. La mère, elle, a porté des mois durant cet enfant, le nourrissant d'elle-même, et à présent il la quitte. Elle souhaite et redoute ce moment. Dans ces conditions, trancher elle-même cette situation me semble riche de promesses d'indépendance pour le nouveau-né.

Je veux dire, et ce n'est pas aisé parce qu'ils ont eu à lutter beaucoup et longtemps pour y entrer, que dans l'état actuel des choses les hommes ne me semblent pas particulièrement désignés pour soutenir leur compagne dans la salle de travail des maternités. Et j'ajouterai que les femmes me semblent mieux placées, quand elles ne renient pas leur sexe, pour assister les accouchées. Cela peut sembler paradoxal, mais durant l'accouchement l'homme est davantage tourné vers l'enfant que vers sa compagne, et sa vigilance envers la situation qui est faite à la femme s'en trouve émoussée. Cela apparaît à l'évidence quand on observe les rapports qu'il entretient avec les médecins et les sages-femmes. Il temporise en leur nom, leur fait gagner du temps en armant la femme de patience. Ce n'est plus la femme qu'il défend mais l'enfant qu'elle porte et auquel, obscurément, il s'identifie. Certes, il souffre des atteintes morales et physiques qu'elle subit, et notamment du refus qui lui est opposé de soulager sa douleur, mais il retourne cette angoisse contre lui-même et s'emploie à ce qu'il pense être la sauvegarde de l'enfant. Si les médecins agissent dans tel sens, ce doit être bon pour l'enfant, pense-t-il, et il rassure sa compagne, quelquefois contre l'évidence même. Cette souffrance trouve un écho chez elle, qui, au lieu de se concentrer sur elle-même, perd des forces à colmater cette douleur qu'elle sent en lui. Au lieu de se consacrer avec un sain égoïsme à l'événement qu'elle affronte, elle doit en plus réconforter et convaincre un intermédiaire supplémentaire. Une femme ne pourrait avoir cette attitude. Elle n'est partie prenante de l'accouchement qu'en ce qui concerne son amie : c'est celle-ci qu'elle défendra et à travers elle l'enfant à venir, mais non l'inverse. Son agressivité ne se consumera pas en angoisse intériorisée mais se tournera vers l'entourage médical. Instruite par sa propre expérience, elle saura quels sont les points faibles à surveiller : l'attente dans l'incertitude, les températures prises en pleine contraction, les portes ouvertes sur des couloirs où passent des indifférents, l'envahissement physique des machines, les épisiotomies intempestives. Et, surtout, elle s'insurgera si elle constate que l'on tente de porter à sa limite la capacité de douleur de son amie sans la consulter aucunement sur le fait qu'elle accepte ou refuse cette souffrance. Bref, contrairement à un homme, elle ne s'identifiera pas à l'enfant mais à la femme. C'est pourquoi les chefs de maternité, après avoir farouchement refusé aux maris et compagnons l'accès à la salle de travail, les y accueillent aujourd'hui si volontiers et si exclusivement. Peu, très peu, de services admettent les femmes auprès des parturientes, même sur demande faite à l'avance par la future mère. Je ne veux pas bouter les hommes hors la salle de travail, je souligne simplement qu'une femme avertie y défend mieux les femmes. Je dis également que les hommes doivent occuper leur espace et seulement leur espace. Lorsque j'assistai récemment à l'accouchement de mon amie B., elle distribua intuitivement les rôles. A moi fut dévolu celui du combat, contre l'entourage médical et contre la douleur. A lui, celui de l'attente et de la complicité tendre.

La naissance proprement dite ne termine pas le processus de l'enfantement. L'ultime étape en est la délivrance qui voit sortir le placenta. Le mépris, larvé ou non, a certes accompagné la femme tout au long de son accouchement mais il se manifeste tout particulièrement au moment de la délivrance. L'enfant est à présent sorti et ne constitue plus l'otage qui protégeait, mal, le corps de sa mère : on n'a plus aucun égard pour un ventre vide. Des techniques plus barbares les unes que les autres sont employées pour « exprimer » le placenta. Les sages-femmes appuient leurs coudes sur le ventre, ou enroulent un drap autour de l'accouchée et tirent de toutes leurs forces. Bref, la femme n'est guère épargnée et la délivrance laisse parfois un souvenir plus douloureux pour le corps et l'esprit que la naissance elle-même. C'est peut-être pour cette raison que dans leur immense majorité les femmes ne se préoccupent pas du placenta et ne s'interrogent guère sur ce qu'il devient. Elles n'ont plus qu'un désir, l'oublier, et oublier la façon dont on le leur a soustrait. Sauf demande expresse, le placenta n'est pas laissé à la disposition des femmes. Rares sont celles qui ont la curiosité de le voir. Une femme m'a dit avoir étonné, voire scandalisé, son entourage en goûtant ses eaux pour découvrir leur saveur, pour s'étonner des pouvoirs inconnus que recelait son corps. De même semblerait-il incongru de demander à conserver cet amas sanguinolent. Pour les femmes elles-mêmes, cette revendication semblerait relever de la bestialité. Il ne leur vient pas à l'esprit qu'il leur appartient, qu'elles pourraient le toucher, le sentir, le garder par-devers elles comme l'autre face de la naissance. Et je pense que c'est en partie parce qu'elles ont peur d'être assimilées à ce qui semble animal dans la gestation, elles qui sont si souvent réduites à n'être que la représentation de leur corps. Ce qu'elles souhaitent, à l'inverse, c'est effacer tout ce qui n'est pas strictement le nourrisson. La culture chrétienne cache honteusement le placenta, contrairement à d'autres cultures où il fait l'objet de rituels précis qui consistent à le gemeller avec l'enfant ou à lui enlever sa puissance. Chez les chrétiens, la présence de l'enfant renvoie au devoir accompli consistant à avoir une descendance nombreuse. Le placenta, dans sa rouge palpitation, renvoie au plaisir de la chair et doit être dissimulé. La femme s'en détournera pour n'être pas ravalée à un rang bestial. Un passage de la Bible évoque la malédiction suprême pour une femme : c'est d'être acculée par une situation sans issue à dévorer le placenta et l'enfant. Certes, peu de gens lisent à présent la Bible, mais son enseignement reste présent de façon diffuse. Si l'on remonte plus avant encore, il semble que la pratique de la dévoration du placenta existait primitivement chez les humains. Ne pas le dévorer représenta à une époque un progrès réel sur l'état antérieur. Les femmes ont de la sorte rejeté le cannibalisme si familier aux hordes ancestrales. Aujourd'hui — moderne version du tabou —, la confiscation du placenta a pour résultat d'inférioriser les femmes, de leur faire intérioriser l'idée que, sous un vernis de civilisation, elles sont en fait par leur corps même plus proches de la bestialité que les hommes. Et, comme à l'ordinaire, leur force s'institue en faiblesse.

Pendant toute une époque, le placenta, objet de mépris, fut donc discrètement évacué par le personnel hospitalier sans qu'il fût dit ni où ni comment on le faisait disparaître. Or, le placenta possède des propriétés étonnantes. Il fut donc récupéré par des laboratoires cosmétiques et pharmaceutiques sans qu'on crût bon d'en avertir les intéressées. En fait, ce « sous-produit » de la naissance connaît une vie extra-utérine intense et fait l'objet d'un commerce très actif portant sur des produits onéreux. En 1978, l'institut Mérieux a traité à lui seul 2 400 tonnes de placenta représentant, à raison de 500 grammes environ par placenta, 4 800 000 naissances. Les Françaises fournissent à Mérieux un quota annuel de 240 tonnes, soit 480 000 naissances, soit encore 66 % des 735 000 naissances enregistrées en 1978. Ce pourcentage important indique un réseau bien rodé. Les maternités stockent les placentas dans des congélateurs ; ils sont ensuite acheminés congelés entre —35º et —40º. Malgré quelques campagnes de presse, ce réseau n'a pas réellement été remis en question, cela arrangeait bien les femmes de faire disparaître le placenta sous couvert d'altruisme. Non seulement elles se débarrassaient d'un encombrant témoin mais ce geste prenait en outre une dimension humanitaire. Et certes, il apparaît très théorique de conserver le placenta par principe, pour que les laboratoires ne puissent pas en profiter. Il faudrait que chacune y perçoive des avantages immédiats. Ces avantages existent bel et bien mais on y a fait très peu allusion jusqu'ici. Une initiative des femmes italiennes est venue à propos soulever la question. Elles ont dressé l'inventaire des propriétés du placenta, du cordon ombilical et du liquide amniotique, en collaboration avec des équipes de chercheurs. Les utilisations du placenta varient à l'infini : il favorise la régénération des tissus brûlés et prévient l'infection microbienne ; il entre dans la fabrication des gammaglobulines, de l'albumine, de crèmes antirides, de lotions capillaires ; il est anti-inflammatoire et traite les rhumatismes. Et surtout, il est un auxiliaire irremplaçable dans le traitement des tumeurs cancéreuses du sein. Il partage en outre avec le cordon ombilical la propriété de pouvoir être greffé sur l'enfant et la mère auxquels il appartient sans que la transplantation suscite un rejet de l'organisme. Le liquide amniotique (les « eaux ») recèle un facteur nommé Hog par les chercheurs : ce facteur, mis en évidence par Graetz à Florence, permet au fœtus de résister au cancer maternel. Graetz et son équipe eurent l'idée de greffer les tissus placentaire et ombilical sur les femmes et les enfants dont ils étaient issus, et cela avec des résultats tout à fait encourageants. Ces travaux sont également poursuivis aux États-Unis, en Suisse, au Mexique et en RFA. A Hanovre, des sérums à base de facteur Hog ont été mis au point pour soigner les tumeurs du sein.

C'est donc tout l'appareil de gestation du fœtus humain qui se révèle être une source de protection future pour lui et pour sa mère. En octobre 1978, les Italiennes ont donc envisagé la fondation d'une banque des tissus embryonnaires de réserve, relayée temporairement par les hôpitaux, où il serait également possible de conserver le placenta sous forme lyophilisée et de le stocker avec le cordon ombilical congelés. Seuls la mère et l'enfant concernés en auraient la disposition.

L'initiative, outre son intérêt curatif évident, pousse les femmes à se réapproprier ce qui leur appartient et à ne pas vivre cet acte comme antisocial mais comme une charité bien ordonnée. Un autre aspect de cette initiative concerne la pratique médicale : cette forme de médecine individualisée, que j'appellerai « endo-thérapeutique », est intéressante parce qu'elle force les médecins à prendre conscience que chaque individu possède ses particularités inaliénables. Résoudre le problème du rejet des tissus transplantés par la simple conservation du placenta et de l'ombilic va à l'encontre de la pratique qui tend à guérir un malade universellement identique au moyen d'une hyper-technique « exo-thérapeutique », malade que rien ne distingue de la masse anonyme de tous les malades possibles.

Contre-chant

Voilà bien longtemps déjà que les hommes refusent d'être des mammifères. La nature leur permet cet oubli puisque leur corps ne vient se rappeler à eux ni par les règles ni par la grossesse ; aucune transformation ne les affecte. Certains en ont profité pour affirmer que les règles sont un objet de répulsion et la grossesse une activité qui ravale les femmes au rang bestial. Parallèlement, ils se déchargent sur les femmes de l'aspect le plus instinctif de la sexualité. En elles s'incarnent l'origine et le prolongement de leurs propres désirs charnels. Débarrassés de ces fardeaux, ils peuvent se vivre comme purs intellects. Gagnées par cet état d'esprit — et on les comprend : qui voudrait assumer seul le poids de la pérennité d'une espèce naturellement binaire ? —, les femmes ont vu leur salut dans la contraception qui occulterait entièrement leur fécondité. Elles se voyaient enfin déchargées de leurs servitudes biologiques, déchargées des basses besognes de l'humanité. Résultat : comme l'homme, elles deviennent des animaux fonctionnant en continu. Au facteur interne qui leur permet de vivre leur sexualité en continu, s'ajoutent, comme pour l'homme, des facteurs extérieurs multiples, lumière artificielle, excitants, travail posté, décalages horaires, etc., suscités par les nécessités de la production industrielle qui, elle aussi, fonctionne en continu. Les humains ne sont pas seulement incités à se comporter de la sorte, ils y sont contraints s'ils ne veulent pas être rejetés par la société et crever de faim et de solitude. Si la pilule a grandement facilité une chose, c'est de permettre aux femmes d'entrer dans les fantasmes des hommes, de faire taire en elles ce qui les unit à leur corps. Séparation du corps biologique par contraception. Séparation mentale par alcool, tabac et drogues diverses. Séparation de plus en plus précoce d'avec leur enfant. Bientôt la courbe de la mortalité féminine rejoindra celle de la mortalité masculine, qui est en France l'une des plus élevées des pays occidentaux. Les femmes ont une espérance de vie de 77,2 ans, les hommes une espérance de vie de 69,1 ans. Écart dont l'importance est essentiellement redevable aux effets de l'alcool et du tabac. Les hommes recherchent à travers ces deux excitants une voie rapide pour accélérer le temps, ou le comprimer, de façon à pouvoir affronter les autres dans l'oubli d'eux-mêmes et de leur mal-être. Chacun s'autodétruit, faute de s'en prendre aux causes extérieures de son mal intérieur. Les hommes ont ainsi depuis longtemps enfoui leur être réel et présenté aux autres le masque du paraître et de l'avoir social. Ce n'est pas nouveau. Ce qui l'est davantage, c'est que les femmes à leur tour sont happées par ce vertige. La consommation d'alcool et de tabac est en augmentation constante chez les femmes, symptôme d'une intégration sociale qui consiste à entrer dans le monde des hommes en singeant les signes socioculturels extérieurs qui s'attachent à leur statut en France. La femme élève ainsi des écrans entre son corps et l'image que la réalité lui renvoie de sa vie : excitants pour oublier que le travail n'est pas l'épanouissement dont elle avait rêvé, pilule contraceptive pour avoir accès à un semblant de relations humaines, tampons périodiques pour oublier qu'elle saigne. Tout ce qui pourrait lui permettre d'être lucide sur sa véritable identité est ainsi repoussé dans un faux-semblant. Et, en vérité, sans appartenir à l'autre sexe, elle n'appartient plus guère au sien.

Les médecins se sont largement employés à répandre l'idée que la contraception serait un outil de libération sexuelle. Ils se sont efforcés par les moyens puissants qu'ils ont à leur disposition, tant sur le plan confidentiel du cabinet que sur le plan public des médias où ils ont une part décisionnelle importante, de persuader les femmes que le simple fait d'utiliser les contraceptifs oraux ou intra-utérins en ferait des femmes nouvelles, élites éclairées par le flambeau de la science. De fait, la contraception est pour ces prétendus philanthropes de l'émancipation féminine le lieu d'un pouvoir économique — puisque les femmes sont obligées de transiter par leur cabinet pour avoir accès à la sexualité « sans peur » — et d'un pouvoir idéologique où s'exaspère leur idée du progrès.

Mais le progrès n'est pas cette courbe sans cesse ascendante qu'on nous donne à suivre à travers les pseudo-révolutions des avatars de la contraception. Le progrès comporte des paliers et des retours en arrière ; de plus, il ne s'exerce pas à vide mais sur des résistances structurelles. Avant même qu'on ait pu faire un bilan honnête sur les effets physiques, psychiques, sociaux de la pilule et du stérilet, on saute gaillardement à la phase suivante qui est de supprimer les règles, jugées si encombrantes par les femmes elles-mêmes que certaines prennent la pilule en continu pour ne plus les voir ou les font aspirer pour les voir moins longtemps. Faire l'économie d'un tel bilan souligne qu'une fois encore les femmes ont servi là de prétexte à l'exercice d'un pouvoir sur la vie que les médecins n'en finissent pas d'assouvir. Les femmes leur servent de territoire avancé pour repousser l'angoisse de mort, mais plus loin gît l'angoisse plus grande encore de la négation de l'autre. Hypnotisés par l'idée de progrès continu, les médecins sont fixés dans une sorte de stase où leur savoir-faire s'enrage de n'être pas mieux compris et suivi par le troupeau des femmes. Il se trouve que le progrès scientifique ne coïncide pas forcément avec les besoins réels de l'espèce humaine. Il ressemble même parfois bigrement à une répression de la liberté individuelle. Si nombre de femmes se détournent des contraceptifs totalitaires, ne serait-ce pas parce qu'ils obturent leur corps par une ingérence chimique ou mécanique ? Ou parce qu'ils facilitent l'occultation de problèmes relationnels importants entre les êtres ? Ou encore parce qu'ils signifient la disponibilité totale aux désirs de l'autre quand cet autre domine par ailleurs le champ social et culturel ? Ou, enfin, parce qu'il est urgent pour les femmes de trouver le temps d'interroger leur propre désir sans qu'il s'y substitue par des chemins obliques et intérieurs la censure du désir masculin ?

Que cherchent exactement les médecins *via* les recherches pharmaceutiques ? Le mieux-être des femmes ? Leur libération ? Certes non. Ce qu'ils recherchent sans le dire et sans même se l'avouer, car leur macho-mégalomanie s'affirme comme un altruisme, c'est à accélérer, à se substituer au besoin, à une mutation génétique humaine qui ne vient pas assez vite à leur gré. Bientôt les matrices des femmes ne leur serviront plus de rien, et les hommes auront réalisé là leur revanche : après l'avoir méprisée, après la leur avoir déniée, ils déroberont aux femmes la puissance de vie qu'abritaient leurs ventres et qui leur faisait si peur. Mais n'est-ce pas le vœu secret de nombreuses femmes que d'accéder au plus vite à l'égalité biologique avec les nourrices sèches que sont les hommes ?

Comment ne pas se souvenir que ce sont les médecins qui ont le plus participé à l'élaboration du discours sur la mythification de la femme-mère et la nécessité de son enfermement dans les quatre murs des foyers conjugaux ? Ce sont les mêmes, ou leurs petits frères, qui aujourd'hui viennent chanter les libertés féminines à travers l'usage de la contraception par pilule et stérilet. Mais qui conçoit, fabrique, détient, retient ou accorde les contraceptifs ? Qui en retire de substantiels revenus ? Qui pose le stérilet ? Qui envisage de supprimer le cycle menstruel ? Qui, tour à tour, capte la liberté et l'octroie ? Les médecins, canaux privilégiés de tous les enfermements du corps. Cette bonne volonté affirmée des médecins ne va pas jusqu'au partage du savoir. La vulgarisation des termes médicaux ne constitue qu'un racolage où ils s'instituent comme recours à la demande d'information des femmes, mais toujours juchés sur une marche supérieure afin qu'elles lèvent la tête pour recevoir la manne. C'est au nom du savoir qu'ils dispensent la pilule et le stérilet qui sont des produits brutalisant sans égard le corps des femmes, et dont ils savent pertinemment qu'elles devront payer le prix en termes de santé physique et morale. Certes, les contraceptions orale et intra-utérine sont réversibles, temporaires, mais c'est tout relatif. En réalité, le corps est mis entre parenthèses pendant une période qui peut aller jusqu'à vingt ans et plus, avec pour seuls entractes les quelques mois consacrés à une ou deux grossesses. Automutilation toujours reconduite pour donner à la femme l'illusion qu'elle maîtrise sa vie à travers la domestication de son corps. Mais rien n'est plus faux. Le temps des *superwomen* n'est pas encore venu. Les femmes saignent, désirent, enfantent, et voient un jour s'atrophier les lieux de vie qu'elles abritaient. C'est un fait. Les règles, la grossesse ne sont pas le résidu d'un temps révolu, elles sont nécessaires à leur complétude, elles témoignent d'une différence qu'il faut accepter. J'entends d'ici l'objection que je suis une nostalgique de la fatalité, qu'il faut en finir avec les « écrasantes finalités de la nature » — comme les nomme Évelyne Sullerot dans *le Fait féminin*[1]. Je dis que ces finalités de la nature ne sont

1 Ouvrage cité.

écrasantes que parce que l'on veut les réduire au silence et que l'on évacue avec elles tout ce qui nous définissait comme êtres humains. La dernière trouvaille des laboratoires dans le domaine de la contraception est la pilule semestrielle expérimentée actuellement aux États-Unis. Il suffit d'en prendre une tous les six mois. Son principe est de diffuser lentement dans l'organisme des hormones, au moyen de microcapsules. Son moindre inconvénient est de supprimer les règles. Décidément, le statut d'eunuques guette les femmes. Le corps médical se félicite de ce nouveau progrès, il écarte allègrement l'objection du risque réel pour la santé que réserve à l'organisme un médicament-retard dont les effets se prolongent pendant six mois, quoi qu'il ait pu engendrer comme réaction au sein du corps qu'il modifie. Mais qu'est-ce que cette rage à dénier aux femmes un état qui ne fait qu'attester de leur bonne santé? La femme saigne chaque mois, c'est son partage. C'est un de ses plaisirs. Pourquoi vouloir le nier ? le dénaturer ? Faire disparaître le sang de la vie des femmes ne les transformera pas en hommes mais en castrats. En supprimant les cycles menstruels, cette nouvelle pilule contribuera bien certainement à réduire l'absentéisme dû aux syndromes prémenstruels, et il est bien aimable aux laboratoires de voler ainsi au secours de la productivité, mais le corps des femmes parlera autrement, souffrira autrement, pour exprimer qu'il réclame sa part, rien que sa part, mais toute sa part.

Les variations du cycle ovarien sont analogues à une musique intérieure qui surcoderait l'état affectif du moment. La pilule réduit à néant ces musiques intérieures, instaure la prééminence totale de l'intellect. L'esprit monologue, il n'entend plus le contre-chant du corps. J'ai remarqué avec soulagement que beaucoup de femmes de ma génération, un peu plus et un peu moins de trente ans, cessent de prendre la pilule ou analysent ses effets de façon très critique, après l'avoir utilisée continûment pendant dix à quinze ans. Elles prennent cependant leur décision comme en secret, comme on « lâche » une complice. Comment dire qu'un contraceptif dont on a fait l'outil de libération par excellence du corps féminin s'est avéré être un ennemi de l'intérieur ? Elles se disent, comme je l'ai fait, « pour moi, ça doit être différent ». Chaque femme reconduit à cette occasion le même mode de culpabilisation que pour l'avortement. Individuellement, dans la pratique que l'on tente de mettre en œuvre dans sa vie, on ne prend pas la pilule, on refuse le stérilet, on évite d'avoir recours à l'avortement. Publiquement, en ce qui concerne les autres, on est pour sans nuances. Grands principes et grands sentiments. Mais les autres et nous, c'est la même chose ! Dire que l'avortement n'est pas un drame pour la femme qui y est contrainte est un mensonge. C'est le choix du pire qui résulte de contraintes conjuguées dont le salariat et le mode de vie qui en découle sont la pierre d'angle. Affirmer que l'avortement est une libération est carrément crapuleux : nulle mutilation n'a jamais libéré quiconque. Les avortements, outre les critères sociaux, se font généralement sous des critères masculins. Combien de femmes qui garderaient bien l'enfant ne le font pas parce que « lui » refuse. *L'avortement libre et gratuit n'est que la moindre des choses,* ça ne l'empêche nullement d'être la gestion individuelle d'une vie inacceptable. De même, résoudre les problèmes affectifs, sociaux, qu'on doit affronter dans sa vie, en prenant la pilule, en se faisant poser un stérilet, n'est pas en devenir pour autant supporters inconditionnels. C'est seulement la moins mauvaise résolution que l'on ait trouvée à un moment de son histoire. Il est des moments où l'on accorde des priorités à d'autres domaines qu'au respect des rythmes du corps. Il est, par exemple, difficile de demander à la jeune fille qui le découvre de différer son désir sexuel. Son problème n'est pas de savoir comment son corps fonctionne, mais plutôt comment fonctionnent les rapports entre humains. Son corps est en réalité l'instrument d'une investigation sentimentale et sociale. Écouter le corps est un luxe que les femmes abordent fréquemment par le truchement de la maternité — bien que ça ne soit ni la seule ni la meilleure des voies. Leur question n'est plus alors de savoir ce que sont les autres mais : « Que suis-je ? », « Quels sont mes désirs ? », « Comment faire pour aller le moins mal possible ? » La grossesse leur a donné une conscience aiguë de l'implacabilité d'un processus biologique et elle leur a permis, en même temps, de découvrir que l'acceptation de ce processus est une source de force intérieure. Après une telle expérience, une femme est plus vigilante envers les divers carcans qu'on voudrait lui imposer, et entre autres envers celui de la contraception totalitaire.

La pilule, le stérilet, l'avortement ne sont pas des facteurs de progrès social, ils sont l'aménagement d'une misère du corps que chacune est, à certaines occasions de sa vie, obligée de subir. Le dire n'est pas réactionnaire, c'est simplement honnête.

IMPRIMERIE BUSSIÈRE À SAINT-AMAND (CHER)
DÉPÔT LÉGAL 3ᵉ TRIM. 1985. Nᵒ 8907 (1382)

Collection Points

SÉRIE ACTUELS